Renate Leichsenring

... Über den Tellerrand

Rezepte von Frauen aus aller Welt
zum Weltgebetstagsjubiläum 1999

Stein/Düsseldorf

Die Deutsche Bibliothek – CIP-Einheitsaufnahme

Leichsenring, Renate:
... über den Tellerrand: Rezepte von Frauen aus aller Welt zum Weltgebetstagsjubiläum 1999 / Renate Leichsenring. – Stein ; Düsseldorf ; Klens, 1999
(Schriftenreihe zum Weltgebetstag ; 3)
ISBN 3-87309-172-0

5. Auflage 2002

Umschlagmotive: Heiner Heine
Umschlaggestaltung: werbestudio form+graphik
Druck: Karl Ulrich, Nürnberg
Verarbeitung: Gassenmeyer Bindetechnik, Nbg.

Vorwort

„Was gibt es für Rezepte?" ist oft eine der ersten Fragen, die rund um die Vorbereitung des Weltgebetstags gestellt werden. In vielen ökumenischen Teams wurde es gute Tradition, das jeweilige Weltgebetstagsland auch durch seine Gerichte vorzustellen und bei Vorbereitungen oder nach dem Gottesdienst gemeinsam typische Speisen und Getränke zu probieren. Dabei geht es nicht nur um das Essen. Wenn man diese Gerichte zusammen kocht und genießt, entstehen auf ganz andere Weise als nur in Gedanken und Bildern die Verbindung zu den Frauen des Weltgebetstagslandes. Die Zutaten verraten schon viel über die jeweilige Kultur und Tradition. Bestimmte Gerichte werden zu besonderen Anlässen gereicht - Feste der Menschen kommen in den Blick. Man bekommt Geschmack daran, sich den fremden Frauen zu nähern, über den eigenen Tellerrand zu blicken und sich mit ihrem Land zu beschäftigen. So gelingt auch der Einstieg in die Vorbereitungsarbeit.

Es ist kein alltägliches Kochbuch, das Sie vor sich haben. Statt vieler bunter Fotos auf Hochglanzpapier haben Sie viele geschriebene Rezepte und einige Bilder von Frauen. Das Besondere dabei ist: Die Rezepte sind zum großen Teil nicht aus Büchern zusammengestellt, sondern wurden von Frauen aus den jeweiligen Ländern geschickt - manche schon zum Weltgebetstag, ein ganzer Teil der Rezepte aber auch speziell für dieses Kochbuch. Einige Frauen sandten auch ein Grußwort oder ein Bild mit.

An erster Stelle gilt der Dank Renate Leichsenring! Auch wenn es Spaß gemacht hat, wie ihr Vorwort und die persönliche Einführung zu so manchen Rezepten erkennen läßt, so war es doch eine mühevolle und zeitraubende Arbeit, dieses Buch zusammenzustellen. Die Adressen zusammentragen, die Frauen anschreiben, Rezepte übersetzen, manche Handschrift entziffern, alles in Form bringen - viel Mühe steckt hinter dieser Arbeit.
Viele Frauen haben ihr geantwortet! Und so gilt unser Dank nicht weniger den Frauen in aller Welt, die sich die Mühe gemacht haben, die Rezepte für dieses Kochbuch aufzuschreiben, ein Grußwort zu entwerfen, ein Bild zu schicken und damit die gemeinsame schwesterliche Verbundenheit zu stärken.

Ulrike Bechmann
Stein, im Januar 1999

Liebe Weltgebetstagsfrauen,

vor zwei Jahren haben wir in der Gemeinde ein Backbuch herausgegeben, letztes Jahr ein Kochbuch, beide mit Weltgebetstagsrezepten der vergangenen Jahre. So etwas für alle Weltgebetstagsländer zu machen, das war schon damals unser Wunsch. Und als Ulrike Bechmann nach Ideen für die Feier zum 50-jährigen Weltgebetstagsjubiläum in Deutschland fragte, da habe ich gedacht: "Das ist jetzt die Gelegenheit, unseren Wunsch zu verwirklichen." Es war leichter gesagt als getan, aber das wußten wir ja schon aus Erfahrung. In der Gemeinde mußten wir schon bitten und betteln, daß die Rezepte zusammenkamen, und jetzt waren diejenigen, die Rezepte beisteuern sollten, nicht aus der Gemeinde, sondern in aller Welt verstreut. Es hat viele Briefe, viele Anrufe und Faxe gegeben, bis ich alles zusammen hatte, aber es hat einen ungeheuren Spaß gemacht, mit den Frauen aus den verschiedenen Lände zum erstenmal Kontakt aufzunehmen oder alte Kontakte noch einmal zu reaktivieren. Es gab eine Menge guter Gespräche und viele schöne gemeinsame Erinnerungen. Allein diese waren das Buch schon wert.
Und noch etwas verband uns: nämlich die Erfahrung, daß Frauen in allen Kulturen zuständig sind für die Grundversorgung ihrer Familie, daß sie Garküchen unterhalten, um für ihre Familien noch etwas dazuzuverdienen, und daß über das Essen und das Kochen schnell ein Gespräch aufgebaut werden kann. Bis auf ein Komitee, das sich nicht zurückgemeldet hat, fanden alle die Idee des Kochbuches allein schon aus diesen Gründen gut.
Ich finde sie ausgesprochen wichtig, denn ich denke, daß wir uns mit fremden Kulturen viel eher anfreunden, wenn wir ihre Küche kennen - und schätzen gelernt haben.
Die Auswahl der Gerichte ist eher zufällig. Sie hing davon ab, welche Rezepte ich aus den einzelnen Ländern bekommen habe. Manchmal habe ich diese ergänzt, bei einigen Ländern

mußte ich mich auf meine Kochbücher und meine Erfahrung verlassen. Einige Rezepte kamen relativ abenteuerlich zusammen. Diese kleinen Geschichten finden Sie zwischen den Rezepten.
50 Jahre Weltgebetstag und Rezepte aus 50 Ländern? Das kommt doch gar nicht hin, werden Sie sagen, wenn Sie das Inhaltsverzeichnis gelesen haben. Eine neue Erarbeitung der frühen Weltgebetstags-Geschichte durch Helga Hiller[1] kann uns jetzt neue Erkenntnisse darüber geben, wie sich der Weltgebetstag entwickelt hat. Nicht von Anfang an standen die jeweiligen Länder so im Zentrum der Vorbereitung wie heute. Früher waren die Angaben zu Land und Autorinnen in den Gottesdienstordnungen oft dürftig. Oft stammten die Liturgien von einer einzigen Autorin. Manchmal wurden die Autorinnen namentlich genannt, manchmal das Land oder mehrere Länder, manchmal beides, manchmal keines von beiden. Trotz dieses Wissen habe ich mich entschieden, für die 50 Jahre die Herkunftsländer der Autorinnen in den Mittelpunkt zu stellen. Bei der Angabe der Länder und Themen konnten die neuesten Ergebnisse schon eingearbeitet werden. Ich habe mir aber gedacht, auch einzelne Frauen stehen für eine Kultur, für ein Land und ich hätte nicht gerne auf die Vielfalt der Länder und Rezepte verzichtet. Und manchmal habe ich dann auch überlegt: vielleicht wird ja eines dieser Länder demnächst WGT-Land, dann sind wir mit den Rezepten eben unserer Zeit voraus. Wundern Sie sich also bitte nicht, wenn Sie in früheren Publikationen etwas andere Angaben zu den frühen Jahren finden, als im Kochbuch.
Unsere erste Überlegung war, mit den Rezepten aus Venezuela das Buch zu beschließen; aber - so haben wir dann überlegt - dieses Buch wird mitten in den Vorbereitungen für Indonesien zum Verkauf kommen, also könnten doch auch von dort noch Rezepte mit aufgenommen werden.

[1] erscheint im Frühjahr 1999.

Zwischendurch hatte ich dann wegen einer Gemeindeangelegenheit mit Gerhild Cosoroaba aus Rumänien etwas zu besprechen und so sind jetzt auch noch einige Rezepte aus Rumänien, dem WGT-Land 2002 im Buch zu finden.
Die Rezepte der Tonga-Inseln entsprechen meinen Unterlagen nach so ziemlich den Rezepten von Samoa, so daß auch das WGT-Land 2001 im Buch vertreten ist.
Aufgeteilt sind die Rezepte nach den WGT-Regionen. Auf einer vorangestellten Karte finden Sie die Länder, auf der Rückseite die Jahreszahlen, Länder und Titel der Ordnungen aus dieser Region. Oft finden Sie auch ein Grußwort eines nationalen Komitees, einzelner Referentinnen oder eine kleine, persönliche Geschichte.
Bedanken möchte ich mich bei allen WGT-Frauen und den Referentinnen, die Rezepte und ein Grußwort beigesteuert haben. Bedanken möchte ich mich auch bei den Frauen aus der Gemeinde hier vor Ort, die Freundinnen und Verwandte aus anderen Ländern um Rezepte gebeten haben, vor allem aber bei einer unserer ehrenamtlichen WGT-Frauen aus der Gemeinde, bei Petra Winkel, die einen Teil der Rezepte geschrieben, übersetzt und die Korrektur gelesen hat. Texte, die einzelne Referentinnen auf Computer oder Schreibmaschine geschrieben haben, sind so geblieben und wurden auch von uns nicht korrigiert.
Ich wünsche Ihnen allen ein gutes Gelingen der Rezepte, viel Spaß beim Ausprobieren, eine gute Gemeinschaft mit allen, die mit ihnen gemeinsam essen, und eine spürbare, riechbare, schmeckbare Verbundenheit mit den Frauen aus allen WGT-Ländern.

Herten, im November 1998

Renate Leichsenring

INHALT

PAZIFISCHER RAUM

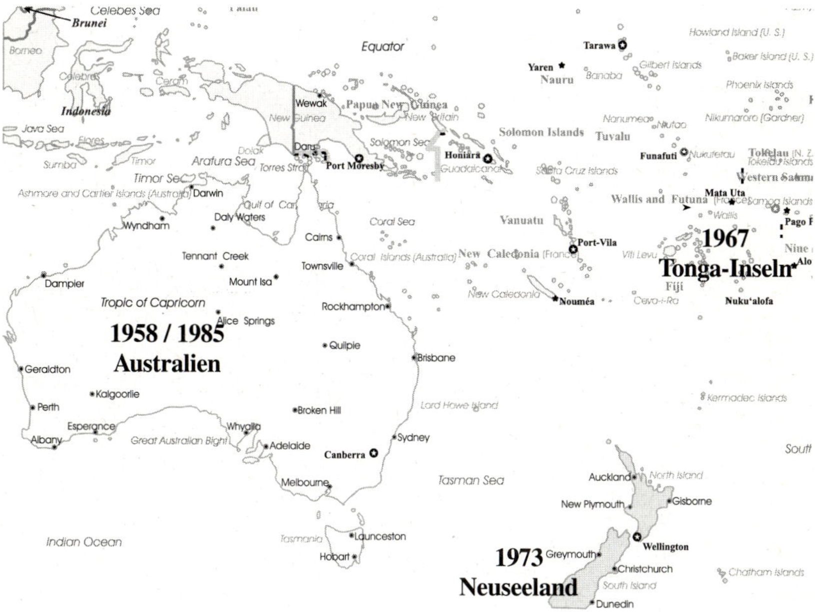

PAZIFISCHER RAUM

1958 Ich bin das Brot des Lebens
WGT-Frauen aus Australien

1967 Seines Reichs wird kein Ende sein
Königin Salote, Tongainseln

1973 Wach in unserer Zeit
WGT-Frauen aus Neuseeland

1986 Das Leben wählen
WGT-Frauen aus Australien

Ein herzliches Willkommen ist besser als ein üppiges Mahl

aus dem Arabischen

Australien

Liebe Weltgebetstagsschwestern in Deutschland!

Die erlebnisreichen Tage in Altenberg sind Erinnerung. Ich warte auf die Vergrößerungen meiner Fotos, damit ich ein Album zusammenstellen kann, anhand dessen ich dann einfacher von meinen Eindrücken und dem Gelernten berichten kann. Mitte September ist die nächste Sitzung des Südaustralischen WDP-Komitees und ich freue mich schon darauf, den Damen von den Altenberger Tagen zu berichten. Einen ersten Bericht habe ich unserem deutschen-lutherischen Frauenkreis schon am Mittwoch gegeben.

Heute habe ich nun endlich die richtigen Rezepte für Sie gefunden. Ich mußte dazu erst meine australischen Freundinnen befragen.

Noch mehr Rezepte für Känguruh-Fleisch - oder Lamm - Gerichte bekommen Sie sicherlich gleich mit dem Fleisch mitgeliefert, wenn Sie es in Deutschland kaufen.

Zu zwei der Kuchen-Rezepte möchte ich aber noch etwas mehr sagen, denn **Damper** und die **Anzac Biscuits** sind ureigene australische Rezepte mit Geschichte.

Die „Swagmen" (besungen in „Waltzing Mathilda"), die in früheren Zeiten durchs Land wanderten, um Arbeit auf den großen „Stations" (Farmen) zu suchen - als Stockmen (Cowboys) oder als Schafscherer - die hatten immer einen Beutel mit Mehl und den besagten Topf bei sich, um sich jederzeit ihren Damper backen zu können. Wenn sie sich dann noch ein Schaf klauten und erwischt wurden, dann kamen sie natürlich mit dem Gesetz in Konflikt und die Geschichte endete meist sehr traurig, wie die im obigen Lied.

Das Rezept der Anzac Biscuits ist aus der Kriegsnot geboren.

Ich würde mich sehr freuen, wenn Sie die Rezepte noch in ihrem Buch unterbringen können...

Ich melde mich auch gleich an für wenigstens 1 Exemplar des Buches.

Viel Glück und Erfolg für Ihre Arbeit.

Mit den besten Grüßen aus Adelaide

Ihre

Eva-Maria Linhoff, Modbury North SA Australia

Australischer Orangenkuchen

150 gr. Butter
150 gr. Puderzucker
3 Eier
Saft und Schale von einer Orange
300 gr. Mehl
1/2 Backpulver
1 Prise Salz, Butter für die Form und Puderzucker zum Bestreuen

Butter, Zucker und Eier werden schaumig gerührt, dann wird der Saft der Orange und die Orangenschale dazugegeben. Das Salz wird mit dem Backpulver und dem Mehl gemischt, gesiebt und dann unter den Teig gemengt.

Bei 180 Grad 40-45 Minuten backen. Nach dem Abkühlen mit Puderzucker bestreuen.

DAMPER

(ein Brot, das im australischen Outback im Eisentopf mit Deckel in der Glut des Lagerfeuers gebacken wird. Es kann aber auch im Backofen zu Hause in der Küche gebacken werden.)

500 gr. Mehl
1 P. Backpulver
2 EL Butter/Margarine
1/4 Becher Milch
Salz - Kräuter - Knoblauch , etwas Wasser
1 Dose Bier

Zubereitung: Mehl und Backpulver in einer Schüssel mischen, Kräuter und Knoblauch ,frisch oder getrocknet, dazugeben. Die Butter mit den Fingerspitzen unterarbeiten. Die Milch untermischen. Einen Becher Bier untermischen. Den Rest des Bieres austrinken, ehe es verschalt. Soviel Wasser untermischen, bis die Konsistenz von einem Brotteig erreicht ist. Den Teig in den Eisentopf füllen, mit etwas Milch bestreichen. Den Deckel daraufgeben und in die heiße Holzkohlenglut stellen, den Topf mit Glut bedecken. 30 - 40 Minuten backen. Wenn keine Holzkohlenglut vorhanden ist, dann den Teig in eine Kastenform geben und im vorgeheizten Ofen 30 - 45 Minuten backen.

ANZAC PLÄTZCHEN

(Dieses Rezept stammt aus der Zeit des 1. Weltkrieges, als die Soldaten des **A**ustralian **N**ew **Z**ealand **A**rmy **C**orps in Gallipoli (Türkei) und im fernen Europa kämpften. Ihre Mütter schickten ihnen dieses Gebäck, das nahrhaft war und auf dem langen Weg zum Empfänger nicht schlecht wurde oder schimmelte. Auch in Friedenszeiten schmecken die Kekse köstlich)!

1 Becher Mehl
1 Becher Zucker
1 Becher Haferflocken
3/4 Becher Kokosflocken
1/2 Becher Rosinen
1/8 Becher zerkleinerte, getrocknete Aprikosen
1/4 Becher Sesamkörner
150 gr. Butter
2 EL Honig
1 1/2 TL Backpulver

Butter und Honig in einem Topf schmelzen lassen. Das Backpulver mit einem TL heißem Wasser auflösen und in die Butter-Honig-Masse geben. Dieses Gemisch zu den vermischten , trockenen Zutaten geben und gut untermischen. Von der Masse kleine Bällchen formen und weit genug voneinander entfernt auf ein Backblech legen. Bei 170 Grad backen, bis sie goldbraun sind.

Wagga Waggas

½ Pfund Mehl
½ Pfund Butter
125 g Puderzucker
75 g Puddingpulver Vanille
1 Prise Salz

Alles zu Knetteig verarbeiten, Rolle formen, kleine Abschnitte etwa ½ - 1 cm dick auf ein Backblech setzen, mit Gabelrücken etwas flachdrücken, 20 Minuten bei geringer Hitze backen. Sie dürfen nicht braun werden. Mit Vanille- oder Schokolade-Butterguß füllen.

Australian Fruit Cake (ohne backen)

1 Tasse gehackte Backpflaumen
1 Tasse Rosinen
1 Tasse Orangeat und Zitronat (gemischt)
1 Tasse Nüsse
½ Tasse kandierte Kirschen
½ Tasse kandierte andere Früchte (z.B. Ingwer)
2 - 3 Eßlöffel Honig
150 g Butter oder Margarine
Vanille, Muskat, Zimt (und verschiedene Gewürze)
Eventuell können die Früchte vorher in Rum eingeweicht werden.
4 Tassen einfache Kekskrümel (Buttergebäck ist am besten)

Alle trockenen Zutaten mischen, Butter und Honig sehr schaumig rühren, unter die Früchte und Gewürze mengen, dann die Kekskrümel drunterkneten. Mindestens 1 Stunde kühl stellen , dann in eine mit Wachspapier ausgelegte Form pressen. 24 Stunden stehen lassen. Nach Geschmack mit Zuckerguß überziehen.

Dattelpudding

4 Tassen Mehl
1 Tasse brauner Zucker
1 Tasse kalten Tee
1 Pfund kleingeschnittene Datteln
½ Pfund Butter
1 Backpulver
1 Teelöffel Muskat

Alle Zutaten werden zu einem geschmeidigen Teig verarbeitet, in der Puddingform oder in einem Tuch im Wasserdampf etwa 3 Stunden gekocht. Heiß oder kalt mit Vanillesauce serviert.

Dattel-Walnuß-Kuchen

½ Pfund Butter
200 g brauner Zucker
200 g gehackte Datteln
200 g Walnüsse
500 g Mehl
1 Backpulver
1 Ei

Butter zerlaufen lassen, Zucker, Mehl, Ei, Backpulver, Nüsse und Datteln dazugeben, tüchtig kneten, in Kastenform 60 - 90 Minuten bei nicht zu starker Hitze backen. Mit Schokoladenguß überziehen.

Pavlowa-Torte

Zu Ehren der russischen Ballerina Anna Pavowa wurde ein Kuchen „Pavlowa" kreiert, der heute bei keiner australischen Einladung fehlt:

Boden:
4 Eiweiß
185 g feiner Zucker
3 Teelöffel Essig
1 Teelöffel Stärke
1 Vanillezucker

Das Eiweiß mit etwas Salz oder Zitronensaft sehr steif schlagen, den Zucker zugeben, dann den Essig, zuletzt die Stärke und den Vanillezucker zugeben.
Den Herd auf 180 ° vorheizen.
Braunes Backpapier in der Größe eines Springformbodens zuschneiden, mit Wasser naßmachen, auf den Springformboden legen und die Eiweißmischung daraufstreichen.
Im Backofen bei 180 ° 10 Minuten, dann bei etwa 120 ° 60 Minuten und zuletzt bei etwa 75 ° weitere 30 Minuten trocknen. Nach dem Abkühlen Papier abziehen.

Füllung 1:
Den Eiweißboden dick mit ¼ l geschlagener ungesüßter Sahne bestreichen und dekorativ mit frischen Früchten wie Erdbeeren, Bananen, Kiwifrüchten u.ä. bestecken.

Füllung 2:
100 g halbbitter Schokolade schmelzen, mit 3 Eigelb langsam verrühren, abgekühlt ¼ l Sahne unterheben.

Chokky Rocks
(australisches Gebäck)

250 g Butter oder Margarine
180 g Zucker
2 Eier
etwas Vanillezucker
350 g Mehl
½ Päckchen Backpulver

Aus diesen Zutaten einen Rührteig herstellen, dann hinzufügen:
5 - 6 Becher (Milchbecher) Kellog`s Cornflakes
100 g geschnittene Schokolade
125 g Rosinen

Alles gut vermengen, nicht zu stark rühren.
Walnußgroße Bällchen auf ein gefettetes Blech setzen und in 15 - 20 Minuten bei 180 ° goldbraun backen.

Cole Slaw (Krautsalat)

	Weißkraut
	Öl
	Essig
	Mayonaise
entweder	Äpfel und Rosinen
oder	Stangensellerie und Karotten

Kraut fein schneiden, je ein Teil Essig, 1 Teil Öl, ein Teil Mayonaise zusammenrühren, unter das Kraut mischen und gehackte Äpfel mit Rosinen oder zerkleinerter Stangensellerie mit Karotten dazufügen. Mit Salz und Pfeffer abschmecken. Ziehen lassen.

Pumpkin Soup (Kürbissuppe)

1 Pfund Kürbis
2 Zwiebeln
Weißbrotwürfel
Würfelbrühe
Petersilie
Salz und Pfeffer

Kürbis schälen, in Stücke schneiden, in der Würfelbrühe weichkochen, durch ein Sieb passieren, eventuell noch mit Stärkemittel etwas binden, mit Salz und Pfeffer abschmecken. Mit Weißbrotwürfeln (geröstet) servieren. Petersilie kleingehackt zur Garnitur.

Neuseeland

Lamb Pie (Lammpastete)

Pastetenteig aus
200 g Mehl
150 g Margarine
Prise Salz
einige Eßlöffel Wasser

Füllung:
1 Pfund Hammelfleisch
3 Karotten
2 Zwiebeln
Champignons -
evtl. auch anderes Gemüse
Oregano, Salz, Pfeffer
Knoblauch nach Geschmack

Pastetenteig aus allen Zutaten bereiten. Nur soviel Wasser zufügen, wie unbedingt nötig, damit ein knetbarer Teig entsteht. Etwas kaltstellen.
Füllung: Fleisch würfeln, mit angebratenen Zwiebeln dünsten unter späterer Zugabe der Karotten und der Pilze und anderer Gewürze. (Soße evtl. etwas andicken), erkalten lassen.
Auflaufform fetten, dünn mit Teig auslegen, auch am Rand, dann die Fleisch-Gemüsefüllung einfüllen. Die Ränder werden fest verknetet. Mit einer Gabel Löcher in den Teig einstechen. Bei Mittelhitze etwa 40 - 45 Minuten backen. Heiß mit Salat servieren.

Seasoned Leg of Lamb
(Gefüllte Lammkeule)

für die Füllung	Semmelbrösel Salbei gemischte Kräuter Zwiebel 1 Ei einige Backpflaumen Salz, Pfeffer
Beilagen	Kartoffeln Karotten Zwiebeln Pumpkin (Kürbis oder Zucchini) Tomaten Erbsen Mint Sauce

Keule abtrocknen, einschneiden, Füllung aus den angegebenen Zutaten bereiten, in die Tasche füllen, diese schließen. Keule salzen und pfeffern und bei Mittelhitze im Backofen backen, ca. 1 ½ Stunden. Nach und nach werden zu dem Fleisch die Beilagen gegeben, entsprechend der Garzeit: Kartoffeln und Zwiebeln etwa 1 Stunde. Garzeit Karotten etwas kürzer, Pumpkin etwa ½ Stunde, Tomaten 10 - 15 Minuten.

Die Erbsen werden für sich gekocht und zu dem fertigen Roast gereicht, alles so, wie es aus dem Ofen kommt, mit Petersilie angerichtet.

Mint Sauce gibt es fertig zu kaufen oder sie wird aus gehackten Pfefferminzblättern mit Essig zubereitet (mindestens einige Stunden vorher).

(Das typische Sonntagsessen)

Savoury Bee (Reis-Vorspeise)

1 Pfund Reis
1 Pfund Tomaten
1 Pfund Zwiebeln
½ Pfund feingeschnittenen mageren Speck
2 Teelöffel getrocknete Kräuter (herbes de Provence)
oder entsprechend frische Kräuter
Salz, Pfeffer

Reis nicht zu weich kochen, gut abspülen.
Speck anbraten, Zwiebeln fein hacken, druntergeben, dann geschnittene Tomaten beifügen, mit Salz, Pfeffer, Kräutern weiterdämpfen, abschmecken, unter den Reis geben. Kalt oder warm servieren - als Vorspeise.

LEMON SALMON

Lachs mit Zitronensauce auf Neuseeländer Art

2 fingerdicke Scheiben Lachs
2 Zitronen
2 Tassen Weißwein
1 Tasse Wasser
2 Eidotter
60 gr. Butter
1 Zwiebel
ein paar Nelken
ein paar Lorbeerblätter
etwas Estragon
etwas Petersilie
Zucker - Salz

Die mit etwas Zitronensaft gesäuerten Fischscheiben werden in Butter leicht von beiden Seiten angebraten, dann mit Zwiebelringen und den Gewürzen in einen Fischtopf getan, mit entkernten Zitronenscheiben bedeckt, mit Wein und Wasser übergossen und ganz langsam zum Sieden gebracht. Der Fisch soll etwa 15 Minuten nur ziehen, nicht kochen. Der Fisch kommt dann auf eine vorgewärmte Platte. Die Brühe wird durchgesiebt, mit Salz und Zucker abgeschmeckt, mit zwei Eidottern legiert, noch einmal bis zum Siedepunkt erwärmt. Dann wird sie auf den Fisch gegossen, der mit Kartoffeln serviert wird.

TONGA -INSELN

Wissen Sie, was in der Südsee gerne gegessen wird? Ich habe mir immer Früchte ohne Ende vorgestellt, natürlich viel Reis und Fisch. Wichtige , gute Nahrungsmittel, vielleicht gerade auch für Sportler. Wie ich darauf komme?
Vor einigen Jahren viel mir ein Heft in die Hand. "Die Südsee-Küche", übersetzt und bearbeitet von G. und R. Keppel, herausgegeben. - und ich traute meinen Augen kaum - vom Deutschen Fußball Archiv.
Das Archiv existiert nicht mehr laut Auskunft der Telekom. Das Buch gibt es auch nicht mehr zu kaufen. Eigentlich schade. Vor allem habe während der Fußballweltmeisterschaft gedacht: es wäre gut gewesen, der Koch der deutschen Mannschaft hätte dieses Heft gehabt und die Rezepte nachgekocht. Vielleicht hätte es ja etwas genutzt.
Die Rezepte hören sich gut an, einige habe ich auch schon probiert und sie passen sehr gut in die heiße Jahreszeit.
Viel Vergnügen beim Nachkochen.

KOKOSNUSS -FISCH - SUPPE

1kg Kochfisch
7 Tassen Wasser
2 TL Salz
1 große Zwiebel
Pfeffer
2 Tassen dickflüssige Kokosnusscreme
1 EL Zitronensaft
Zitronenscheiben
1 kleingeschnittene Frühlingszwiebel

Den Fisch zusammen mit dem Wasser, Salz, Pfeffer und der Zwiebel zum Kochen bringen. Danach das Ganze abkühlen lassen und durchsieben.
Die klare Fischbrühe mit Salz und Pfeffer abschmecken, erhitzen, den Zitronensaft und die Kokosnusscreme einrühren. Dann nicht weiter kochen lassen. Die Suppe mit Zitronenscheiben und der Frühlingszwiebel garnieren.

Reissalat

3 Tassen Reis
2 feingeschnittene hartgekochte Eier
2 EL feingeschnittene Kapern
1/2 Tasse Mayonnaise
1/2 TL gem. Kümmel
Salz und Pfeffer
1 Tasse feingeschnittene Gurke

Reis kochen, erkalten lassen und zusammen mit den anderen Zutaten vermengen.

RAITA (Joghurtsalat)

1/4 geschälte und gewürfelte Gurke
2 mittelgroße ,gekochte, gewürfelte Kartoffeln
1/2 Zwiebel, kleingeschnitten
3 Tomaten, kleingeschnitten
2 Tassen Joghurt
1/2 TL Salz
1/4 TL Kreuzkümmel

Die Gurken würfeln, mit Salz mischen und durch ein Sieb die Flüssigkeit abgießen. Dann die anderen Zutaten zu den Gurken in eine Schüssel geben, vermengen und mit Salz würzen.

PILAU

1 1/2 Tassen Reis
1 Knoblauchzehe, gepresst
1 kleine Zwiebel, kleingeschnitten
2 EL Butter
3 Gewürznelken - 6 Pfefferkörner - 1 Zimtstange und 2 Kardamonkapseln im Mixer fein mahlen
1 TL Kurkuma
1 Tasse Brühe
1/2 TL Salz
1-2 Tassen fein geschnittenes Hähnchen oder Lamm
12 halbierte Mandeln
1 TL Butter
1/4 Tasse Rosinen

Knoblauch und Zwiebel in Butter leicht anbraten, dann die Gewürze dazugeben und einige Minuten braten lassen. Den gekochten Reis hinzufügen und unter ständigem Rühren 5 Minuten kochen lassen. Nachdem Brühe und Salz hinzugefügt sind, das Ganze weitere 5 Minuten kochen lassen und dann das Fleisch dazugeben. Der Topf kommt dann zugedeckt bei 120 grad für 30 Minuten in den Backofen.
Danach wird das Pilau mit der Gabel umgerührt, damit der Reis trocken und locker wird. Die Rosinen werden oben auf das fertige Gericht gestreut und der Topf dann wieder in den Ofen zurückgestellt.
Die Mandeln werden goldbraun geröstet und auf das Pilau verteilt. Zu dem Ganzen wird RAITA (Joghurtsalat) gereicht.

KOKOSNUSS - EI - CURRY

1 frische Kokosnuss
1 EL Zitronensaft
4 Zwiebeln
3 EL Butter
1 TL Kurkuma
1 TL gem. Koriander
1/2 TL Chilipulver
6 hartgekochte Eier

Die Kokosnuss wird geöffnet und die Milch in einer Schale aufgefangen. Das Kokosmark wird geraspelt und mit dem Zitronensaft gemischt. 1/4 Tasse Zwiebelscheiben mit einem Holzlöffel zerdrücken und in Butter anbraten. Die Gewürze hinzufügen und 1 Minute kochen lassen. Das Kokosnussmark dazugeben und weitere 5 Minuten kochen lassen. Die restlichen Zwiebelscheiben und die Milch dazugeben, aufkochen lassen und mit Salz würzen.
Die hartgekochten Eier in einer Schüssel mit der Soße bedeckt 10 Minuten warm halten. Mit Reis servieren.

SONNENAUFGANGSSALAT

250 gr. zerschnitzelten Chinakohl
250 gr. zerkleinerten Spinat
250 gr. Wasserkresse
250 gr. gut zerkleinertes anderes Gemüse
1/2 Zweig geschnittene Petersilie
1 Tasse Bohnensprößlinge

Alle Gemüse in eine Schüssel geben und mit einer guten Salatsoße anmachen.

SONNENUNTERGANGSSALAT

750 gr. gewürfelte Auberginen
2 EL Öl
1 große feingeschnittene Zwiebel
1 große gepreßte Knoblauchzehe
1 1/2 EL Tomatenmark
1 Tasse Tomatensaft
1 1/2 EL Sardellen
1 EL Essig
1 TL Zucker
1 TL Salz
1/2 Tasse fein geschnittene Petersilie
1 Tasse feingeschnittenen Sellerie.

Die Auberginen werden gewürfelt und in Öl gebraten, bis sie weich sind, gut abgießen. Zwiebeln und Knoblauch anbraten, dann Tomatenmark, Tomatensaft , Sardellen , die Gewürze und die Kräuter dazugeben und 10 Minuten kochen lassen.
Den Sellerie drei Minuten im kochenden Wasser bleichen, gut abgießen und mit den Auberginen in die Soße geben.
Kühl servieren-.

BANANEN - ORANGEN- Kuchen

1 1/2 Tassen frischgepreßten Orangensaft
1/2 Tasse Zucker
1 1/2 TL Stärkemehl
2 TL Gelantine
1 EL Butter
4 mittelgroße Bananen
einen Tortenboden

Mehl und Zucker mischen und mit dem Orangensaft kochen, bis die Mischung dick und klar ist. Gelantine in Wasser einweichen und warten, bis die Gelantine sich auflöst. Dann zusammen mit den Bananenscheiben in die Mischung geben. In den Kühlschrank stellen und fest werden lassen. Dann kommt die Mischung auf den Tortenboden und bleibt im Kühlschrank, bis sie ganz fest ist.
Mit Schlagsahne servieren.

ANANASKUCHEN

250 gr. Butter
1 Tasse Zucker
2 Tassen Mehl
3 TL Natron
4 Eier
1 frische Ananas, oder auch 1 Dose

Die Ananas wird zerdrückt und gesiebt. Dann die Butter und den Zucker cremig rühren und die Eier einzeln nacheinander hinzurühren. Als letztes Mehl, Natron und Ananassaft hinzugeben. 75 Minuten bei 180 grad im Ofen backen.

SONNENUNTERGANGSBOWLE

1,5 kg Wassermelone
2 Tassen ungesüßter Ananassaft
1/4 Tasse Zitronensaft
4 Tassen Sodawasser
1/2 Tasse Ananasstücke

Das rote Fleisch der Melone, einschließlich 1 cm weißem Rand herausnehmen. Davon soviel wegnehmen, daß man eine Tasse Melonenbällchen oder -würfel machen kann und den Rest entkernt zu 2 Tassen Wassermelonensaft zerpressen.
Den Melonensaft mit dem Ananas- und Zitronensaft mischen, gut schütteln und kurz vor dem Servieren das Sodawasser hinzugeben. Eventuell mit ein bißchen Sirup süßen. Die Melonenbällchen und die Ananasstückchen dienen der Dekoration für die Gläser.

ABSCHIEDSBOWLE

JE EINE TASSE
Guavensaft - Ananassaft - Zitronensaft
1 Zitrone
5 Scheiben Ananas
1 Guave
1 Orange
6 Gurkenscheiben
Minzeblätter - Sirup Eiswürfel
3 Flaschen gekühlten trockenen Weißwein

Fruchtsäfte mit den geschnittenen Früchten, der Gurke und einigen Zweigen Minze mischen. Einige Stunden kühl stellen. Kurz vor dem Servieren erst den Weißwein und die Eiswürfel dazugeben.
Eventuell mit Sirup süssen.

RIND- KOVU

750 gr. Rindfleisch
2 mittelgroße Zwiebeln
3 Bananen
4 Tomaten
2 Tassen Kokosnusscreme
1 TL Salz

Das Fleisch wird gewürfelt und die Zwiebeln und die Bananen in Scheiben geschnitten. Dann wird das Ganze mit der Kokosnusscreme und mit Salz bestreut, in eine Folie gegeben, fest zugemacht und in einem geschlossenen Topf im Backofen 2 Stunden lang bei 160 Grad gekocht.

ZUCCHINI-PILZ-TOMATEN AU GRATIN

4 EL Butter
8 große geraspelte Zucchini
500 gr. in Scheiben geschnittene Pilze
4 geschnittene Frühlingszwiebeln
2 Tassen trockenen Weißwein
8 geschälte, in Scheiben geschnittene Tomaten
2 Tassen sehr fein gemahlene frische Brotkrümel
1/2 Tasse frische fein geschnittene Kräuter
Salz und Pfeffer
1/2 Tasse geraspelter Parmesankäse

Den Boden einer Backform mit Butter einschmieren, die Zucchini salzen und 10 Minuten ziehen lassen. Die Pilze und Zwiebeln in Butter anbraten, den Weißwein zugießen. Die Zucchini auspressen, trocknen und anbraten.
Die Brotkrümel und den Käse mit den Kräutern und Salz und Pfeffer würzen. Zucchini - Pilze -Tomaten - Brotkrümel - Parmesan in die Form geben. Bei 180 Grad 20 Minuten lang backen.

ASIEN

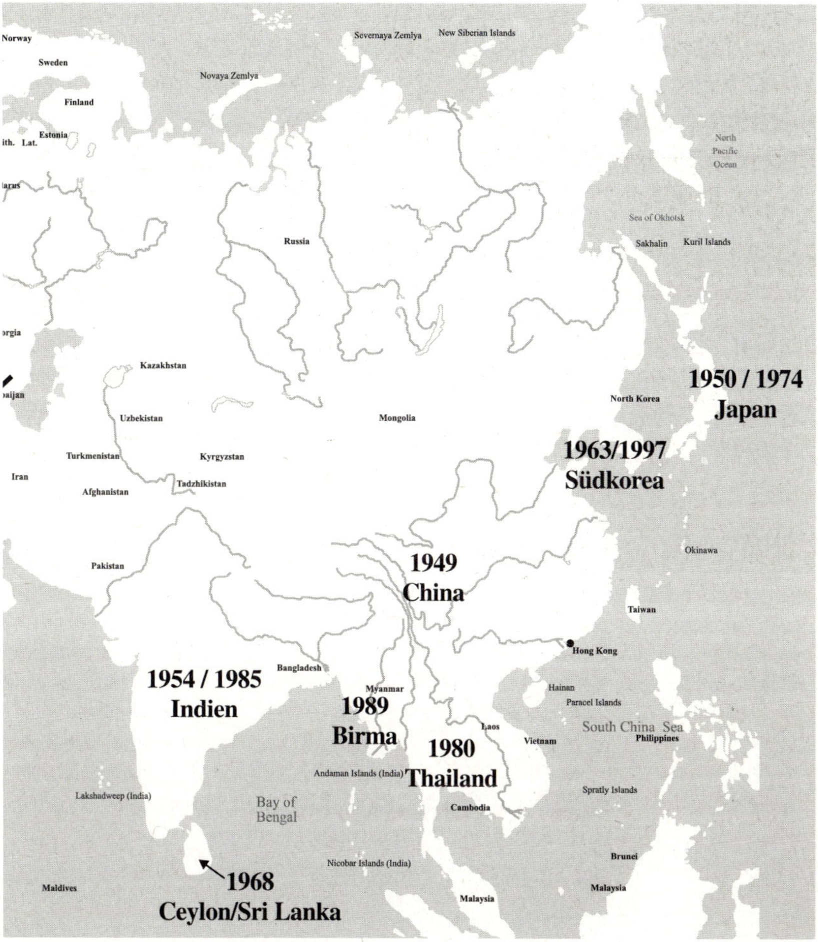
Norway
Sweden
Finland
Estonia
Lith. Lat.
Severnaya Zemlya
New Siberian Islands
Novaya Zemlya
North Pacific Ocean
Sea of Okhotsk
Sakhalin
Kuril Islands
Russia
Kazakhstan
North Korea
1950 / 1974
Japan
Uzbekistan
Mongolia
Turkmenistan
Kyrgyzstan
1963/1997
Südkorea
Iran
Afghanistan
Tadzhikistan
Pakistan
1949
China
Okinawa
Taiwan
Hong Kong
Bangladesh
1954 / 1985
Indien
Myanmar
1989
Birma
Hainan
Paracel Islands
Laos
South China Sea
Philippines
Vietnam
1980
Thailand
Andaman Islands (India)
Lakshadweep (India)
Bay of Bengal
Cambodia
Spratly Islands
Brunei
Nicobar Islands (India)
1968
Ceylon/Sri Lanka
Maldives
Malaysia
Malaysia

ASIEN

1949	Der Herr ist dein Hüter WGT-Frauen aus China
1950	Glauben für unsere Zeit Michi Kawai, Japan
1954	Damit sie das Leben haben Sarah Chakko, Indien
1963	In dem allem überwinden wir weit durch den, der uns geliebt hat WGT-Frauen aus Südkorea
1968	Einer trage des andern Last Rathie Selvaratnam, Ceylon
1974	Am Frieden bauen WGT-Frauen aus Japan
1980	West: Freiheit verantworten Ost: Zur Freiheit hat uns Christus befreit WGT-Frauen aus Thailand
1985	West: Um Frieden beten - den Frieden tun Ost: Um Frieden beten - den Frieden leben WGT-Frauen aus Indien
1989	West: Jesus, lehre uns beten Ost: Herr, lehre uns beten WGT-Frauen aus Birma
1997	Wachsen - wie ein Samenkorn zum Baum WGT-Frauen aus Südkorea

CHINA - JAPAN - THAILAND - BIRMA

Japans Küche ist sicherlich die frischeste Küche überhaupt, wenn frau dieses so ausdrücken kann. Gemüse und Fisch fast roh, oft nur kurz mariniert, aber das Ganze mit sehr viel Eleganz und dem Blick für Kleinigkeiten serviert und gegessen.
Die Küche Chinas bemüht sich auch um Frische. Gemüse, Fleisch und Fisch werden im Wok so schonend wie möglich zubereitet. Alle Zutaten sollten noch Biß haben.
Die Küche Birmas und Thailands ähnelt in vielem der Küche Indiens, aber dennoch ist an der Auswahl der Gewürze sehr wohl schnell zu sehen, welche Gerichte aus welchem Land sind:
Indien verwendet viel Gelbwurzel und Kurkuma, zwei Grundbestandteile unserer erhältlichen Currymischungen.
Knoblauch ist einer der Hauptbestandteile der birmesischen Küche.
Chilis fand ich in fast allen thailändischen Gerichten.
Gehen Sie mit den Gewürzen sparsam um, nachwürzen ist immer noch möglich.

CHINA

1949 Der Herr ist dein Hüter
WGT-Frauen aus China

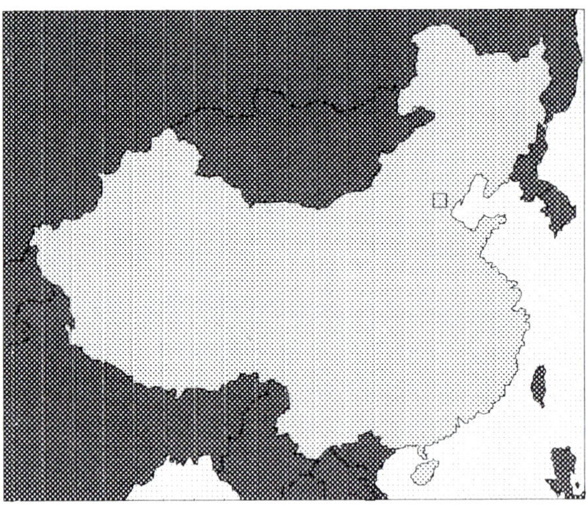

SZECHUANSUPPE

5 getrocknete chinesische Pilze
50 gr. breite Glasnudeln
1 l Hühnerbrühe
250 gr. gekochtes Hühnerfleisch
1 Dose Bambussprossen
1 TL frischer, geriebener Ingwer
1 EL Maismehl
100 ml Wasser
1 sanft geschlagenes Ei
1 EL Tomatensauce
1 EL Sojasauce
1 EL Essig
2 TL Sesamöl
2 Frühlingszwiebeln, kleingeschnitten

Die Pilze gut 30 Minuten einweichen lassen, dann abtropfen und kleinschneiden. Die Glasnudeln ebenfalls in kaltem Wasser einweichen, abtropfen und in kurze Stücke schneiden. Die Hühnerbrühe zum Kochen bringen, die Pilze, Nudeln, Hühnerfleisch, Bambussprossen und Ingwer dazugeben und leise köcheln lassen.
Das Maismehl mit dem Wasser zu einem glatten Brei verrühren, dann die Mischung in die Suppe rühren, bis sie klar ist.
Das geschlagene Ei unter Rühren langsam hinzugeben.
Dann die Gewürze dazugeben und die Frühlingszwiebeln. Ev. vor dem Servieren noch einmal salzen und pfeffern.

TOMATENSUPPE NACH CHINA-ART

300 gr. Hühner - oder Rinderfilet
4 EL Hühnerbrühe
Pfeffer
1 TL Salz
2 Tomaten

Die Hühnerbrühe wird in kochendem Wasser aufgelöst, die Tomaten und das Fleisch in kleine Stücke geschnitten und in die kochende Brühe gegeben, mit Pfeffer und Salz gewürzt und gar gekocht.
Statt der Tomaten können auch Spargel oder Champignons genommen werden. (Jeweils aus der Dose).

Dieses Rezept habe ich - wie auch die anderen chinesischen Rezepte - von dem Besitzer einer kleinen chinesischen Imbißstube hier in der Stadt. Wie auf den ersten Blick zu sehen ist, ist das chinesische Gericht auf unsere Möglichkeiten und auf die schnelle Küche abgestimmt. Sie können natürlich auch ein Huhn kochen, die Brühe verwenden und das Brustfleisch, etwas stärker salzen und pfeffern und eventuell noch etwas Schnittlauch und Petersilie dazugeben.

BOXAO
RINDFLEISCH MIT SOJABOHNENKEIMEN

150 gr. Sojabohnenkeimlinge
1 Knoblauchzehe
150 gr. Rinderfilet
Speisestärke
2 EL Weizenmehl
Salz - Pfeffer - etwas Zucker - etwas Öl
1 TL Sojasoße
2 EL Wasser,
1/2 Tasse Hühnerbrühe
1 TL Wein
1 Stange Sellerie

Die Sojabohnenkeimlinge waschen und trocknen. Die kleingeschnittene Knoblauchzehe hinzugeben. Das Rindfleisch in kleine Stücke schneiden und mit Salz, Pfeffer und Zucker abschmecken. Die Speisestärke hinzufügen, ebenso die Sojasoße, 1/2 EL Weizenmehl und 1 EL Hühnerbrühe. Alles miteinander verrühren und mindestens 5 Minuten ziehen lassen.

2 EL Öl in einer Pfanne heißmachen und das Fleisch hineingeben. Ca. 2 Minuten anbraten und wieder aus der Pfanne nehmen. In das Öl jetzt die Sojabohnenkeimlinge geben und 1 Minute anbraten, danach sofort das Rindfleisch hineingeben und mit der restlichen Hühnerbrühe auffüllen. Alles kochen lassen, bis die Sojabohnen gar sind, jedoch nicht weich.

Die geschnittene Sellerie hinzugeben und einige Minuten köcheln lassen; mit Reis servieren.

CA-RI

Huhn in Curry

1 Huhn , ca. 2. kg
1 1/2 kg Kartoffeln
1 Dose Kokosnusscreme
2 EL Currypulver
Salz - Pfeffer - Zucker - Öl - Speisestärke
3 große Zwiebeln

Die Kartoffeln schälen, waschen und vierteln, abtrocknen und in Öl goldgelb anbraten. Das Huhn in mittelgroße Stücke schneiden und mit Salz, Pfeffer und etwas Zucker würzen, dazu die in Streifen geschnittenen Zwiebeln geben. Alles ca. 30 Minuten einziehen lassen.

In einer Pfanne 1 EL Öl erhitzen und einige Streifen Zwiebeln hineingeben..

Das Huhn hinzugeben und bei mittlerer Hitze anbraten. Dann eine Tasse Wasser zugießen und das Huhn zu Ende garen. Wenn dieses geschehen ist, alles in einen großen Topf geben und die Kartoffeln hinzufügen. Den Topf mit Wasser auffüllen, bis alles bedeckt ist.

Die Hälfte der Kokusnusscreme hinzugeben und bei kleiner Flamme kochen, bis die Kartoffeln gar sind.

ROTI

Huhn auf chinesische Art

1,5 kg ca. Huhn
1 Knoblauchzehe
2 kl. Zwiebeln
1 TL Pfeffer
1 TL Speisestärke
1 Dose Kokosnusscreme
5 EL Hühnerbrühe
Salz - Pfeffer

Das Huhn in 5 cm große Stücke schneiden und mit 1/2 TL Pfeffer, 1/2 TL Stärke, 1 zerhackten Zwiebel und 1/2 zerdrückten Knoblauchzehe würzen. Öl in einer Pfanne erhitzen und die Hühnerstücke einzeln hineingeben und goldgelb anbraten. Danach eine halbe Dose Kokosnusscreme hinzugeben und mit Wasser auffüllen, bis das Fleisch bedeckt ist. Etwas Stärke dazugeben und nach Geschmack mit Pfeffer und Salz nachwürzen. Alles auf kleiner Flamme garen, bis das Fleisch zart ist. Mit Reis und frischen Kräutern servieren.

JAPAN

1950 Glauben für unsere Zeit
Michi Kawai, Japan

1974 Am Frieden bauen
WGT-Frauen aus Japan

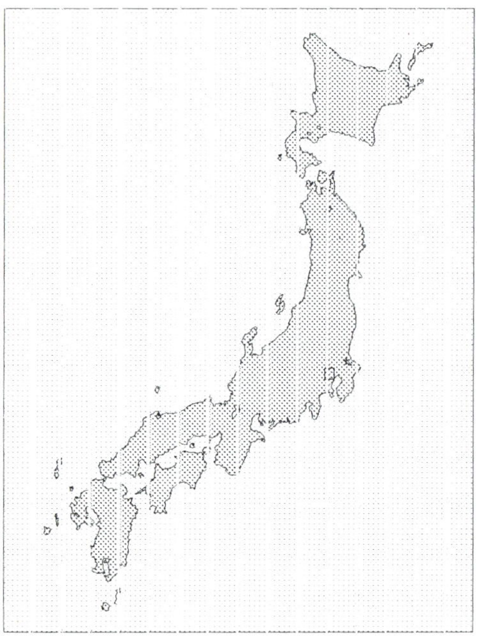

GOHAN

Reis

625 gr. Kurz- oder Mittelkornreis
750 ml Wasser

Den Reis wiederholt in kaltem Wasser waschen, wenigstens 30 Minuten in einem Durchschlag oder Sieb ablaufen lassen. Dann in einen Topf mit schwerem Boden und festsitzendem Deckel geben, das kalte Wasser zugießen und schnell zum Kochen bringen. Zugedeckt bei schwacher Hitze 15 Minuten ziehen lassen, ohne den Deckel zu lüften. Dann den Topf vom Feuer nehmen und den Reis 10 Minuten stehen lassen, ehe er serviert wird.

MUSUBI

Reiskugeln

Den Reis wie oben beschrieben kochen und abkühlen lassen. Dann etwa 1/4 Pfund Reis mit angefeuchteten Händen zu festen Kugeln formen. Die Kugeln können mit Fisch gefüllt werden. Sehr dünne Streifen, die in die Mitte der Kugel kommen. Sie können aber auch in goma sio oder nori- Pulver gewälzt werden.
(Schwarze Sesamkerne mit Salz oder Seetang - Pulver)

KAKITAMA - JIRU

Eierblumensuppe

1250 ml dashi
8 Zuckererbsen
2 EL japanische Sojasauce
2 Eier
1/2 TL Salz

Die Brühe zum Kochen bringen und die Zucker-erbsen hineingeben. Sobald die Brühe wieder kocht, noch einen Augenblick garen, dann die Sojasauce zugeben. Die Eier leicht mit dem Salz verschlagen, langsam in die kochende Suppe einlaufen lassen, dabei leicht umrühren. In Suppenschalen schöpfen und sofort servieren.

SUSHI

625 ml Reis
625 ml Wasser
ein 5-cm- Stück kombu

Dressing: 4 EL milder weißer Essig
3 EL Zucker
2 1/2 TL Salz
2 EL mirin (japanischer Reiswein) oder trockener Sherry

Den Reis kochen mit dem Seetang zusammen, schnell zum Kochen bringen, dann den Topf abdecken und bei niedriger Hitze 15 Minuten ausquellen lassen. Vom Feuer nehmen, dann weitere 10 Minuten quellen lassen. Den Tang herausnehmen und wegwerfen. Das Dressing mischen und über den Reis gießen

MISOSUPPE

20 gr. getrocknete Meeresalgen
3/4 l Dashi
250 gr. Tofu in Würfel geschnitten
2 EL rotes Miso

Die getrockneten Meeresalgen (Wakame) abspülen, in eine kleine Schüssel mit Wasser legen, 15 Minuten einweichen lassen, dann abtropfen und in kleine Stücke schneiden.
Dashi in einen Topf füllen, die Meeresalgen und Tofu dazugeben und das Ganze 1 Minute köcheln lassen
Das Miso in eine kleine Schüssel geben, ein wenig von der Brühe dazugießen und rühren, bis das Miso sich aufgelöst hat. Den Topf dann vom Ofen nehmen, das Miso hinzugeben und sofort servieren.

SUKIYAKI

Rindfleisch und Gemüse

1 kg zartes Rindfleisch
12 Frühlingszwiebeln
1 kleine Dose Bambusschößlinge
500 gr. frische Champignons
2 mittelgroße Zwiebeln
250 gr. frische Bohnensprossen
1 kleiner Chinakohl
60 gr. Cellophannudeln
6 Würfel Tofu
etwas Rindertalg
japanische Sojasauce
Rindfleischbrühe
Eier nach Belieben
sake

Das Rindfleisch sollte ca 1 Stunde angefroren sein, bis es so fest ist, daß es in hauchdünne Scheiben geschnitten werden kann. Die Frühlingszwiebeln ebenso klein schneiden, ebenso die Bambusschößlinge. Die Pilze halbieren oder vierteln, die Zwiebeln achteln. Nach dem Waschen die braunen „Schwänze“ der Bohnensprossen abschneiden. Den Chinakohl waschen und in mundgerechte Stücke schneiden.

Die Nudeln 10 Minuten kochen, abgießen und kleinschneiden. Eine schwere Pfanne erhitzen, mit Rindertalg gut einfetten. Jeweils die Hälfte von allen Gemüsen in die Pfanne geben, bei starker Hitze 1-2 Minuten braten, bis sie etwas weich sind. An die Seite schieben, die Fleischscheibchen nebeneinander in einer Schicht in die Pfanne legen, erst auf der einen, dann auf der anderen Seite braten. Das geht sehr schnell. Mit Sojasauce, Sake und Zucker nach Geschmack würzen, etwas Brühe zugießen, Nudeln und Tofu unterheben und heiß werden lassen.

Das Sukiyaki wird sofort aufgetragen. Am Tisch bedienen sich alle aus der Pfanne.

Traditionell gehört das Ei dazu. Jede(r) schlägt das Ei in seiner Schale selbst auf, verschlägt es leicht mit dem Eßstäbchen. Das heiße Essen wird in das Ei eingetaucht, ehe es gegessen wird.

Zum Sukiyaki wird weißer Reis serviert.

Wenn die erste Portion aufgegessen ist, wird mit dem restlichen Gemüse und Fleisch so verfahren wie oben beschrieben.

SUNOMONO

1 Salatgurke
3 EL milder, weißer Essig
1 EL Wasser
2 TL Zucker
1/2 TL Salz
1/2 TL fein geriebener frischer Ingwer

Die Gurke wird geschält, der Länge nach halbiert, die Kerne herausgenommen, dann quer in dünne Scheiben geschnitten. Alle übrigen Zutaten werden miteinander verrührt, die Gurkenscheiben darin mindestens 1 Stunde mariniert.

OBORO

Reis mit Huhn und Pilzen

625 gr. Kurzkornreis
8 getrocknete Pilze
4 EL japanische Soja-Sauce
4 EL mirin oder trockener Sherry
2 EL Zucker
375 gr. ausgelöste Hühnerbrust in feine Scheiben geschnitten
2 Eier aufgeschlagen
etwas Salz
250 gr. gekochte grüne Erbsen

Den Reis gründlich waschen und in einem Sieb 30 Minuten abtropfen lassen. Die Pilze mit kochendem Wasser über-brühen, 30 Minuten quellen lassen. Die Stiele abschneiden und wegwerfen, die Pilzhüte zusammen mit 1/4 l des Einweich-wassers und der Hälfte der Sojasauce, des Sherrys und des Zuckers in einem kleinen Topf zum Kochen bringen. Zugedeckt kochen, bis die Flüssigkeit ganz verdampft ist. Die Pilze aus dem Topf nehmen und abkühlen lassen. In denselben Topf den Rest der Sojasoße, des Sherrys und des Zuckers und etwa 70 ml Einweichwasser geben, dazu das Hühnerfleisch. Zum Kochen bringen und bei schwacher Hitze ca. 3 Minuten köcheln lassen. Danach die Kochhitze abschalten, den Topf zugedeckt stehenlassen.
Den Reis mit 750 ml Wasser zum Kochen aufsetzen, dann bei schwacher Hitze 20 Minuten ziehen lassen, ohne den Deckel zu lüften oder umzurühren.
Die Eier mit Salz leicht verquirlen. In einer Pfanne 2-3 große dünne Omeletts backen, die nicht braun sein sollen. Auf einem Teller auskühlen lassen, in kleine Streifen schneiden.
Den Reis in eine große Schüssel geben, das Hühnerfleisch darüber verteilen, die Pilze in Scheiben schneiden und mit den Omelettstreifen und den grünen Erbsen über den Reis geben.

DASHI

1 1/2 l Wasser
ein 5 - cm- Würfel kombu (getrockneter Seetang)
3 EL katsuobushi

Das Wasser zum Kochen bringen. Den Tang unter fließendem, kalten Wasser waschen und in das kochende Wasser geben. Unter Rühren drei Minuten Kochen, dann herausnehmen. Das katsuobushi zugeben. Zum Kochen kommen lassen und dann vom Feuer nehmen. Einige Minuten stehenlassen, dann abseihen und nach Bedarf verwenden.

Dashi ist eine der Grundzutaten der japanischen Küche. Es hält sich im Kühlschrank 2 Tage. Mittlerweile gibt es Dashi auch in Brühwürfel - Form, die nur noch mit Wasser aufgefüllt werden müssen.

THAILAND

1980 West: Freiheit verantworten
Ost: Zur Freiheit hat uns Christus befreit
WGT-Frauen aus Thailand

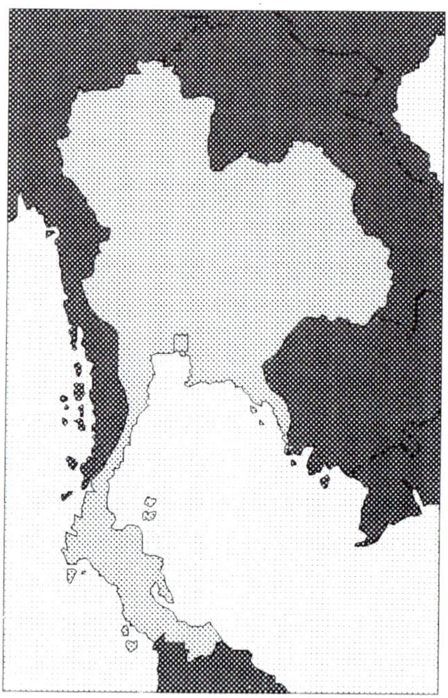

GÄNG KIAU WAN

Hühnerfleisch mit Bambussprossen

400 gr. Hühnerbrustfilets
1 Dose Bambussprossen
1 rote Paprikaschote
25 große Basilikumblätter
1 Dose Kokosmilch
2 EL grüne Curry - Paste
4 EL Fischfond
3 EL Zucker

Die Hühnerbrust wird in dünne Scheiben geschnitten, die Bambussprossen müssen abtropfen und werden dann in feine Streifen gestiftelt, ebenso die Paprikaschote. Das Basilikum wird gewaschen.
5 EL von der Kokosmilch zum Kochen bringen, die Curry-Paste einrühren und etwa 1 Minute bei schwacher Hitze kochen lassen. Die Hühnerbruststreifen, den Bambus, den Fischfond, den Zucker und den Rest der Kokosmilch und noch etwas Wasser dazugeben und bei schwacher Hitze leicht kochen lassen. Mit den Paprikastreifen und den Basilikumblättern garnieren.

Jedes andere Fleisch kann auch verarbeitet werden, also Schweinefleisch oder Rindfleisch.

KHAO NIEO KAEO

Süßer Kokosmilch-Reis

500 gr. Langkornreis
625 ml Kokosmilch
160 gr. Zucker
Wasser

Den Reis über Nacht quellen lassen. Am nächsten Tag wird der Reis etwa 45 Minuten gedämpft, bis er weich ist. Den Reis in einen Topf schütten, Kokosmilch und Zucker zugeben und bei sehr schwacher Hitze köcheln lassen, hin und wieder umrühren, bis alle Milch aufgesogen ist. Den Reis auf einer Platte mit einem Löffelrücken flach auseinanderstreichen. Abkühlen und steif werden lassen, und dann in Rauten schneiden.

KHAO SUEY

500 gr. Langkornreis
750 ml Wasser

Wenn nötig, den Reis gründlich waschen, in einem Sieb abtropfen lassen. Mit den 750 ml Wasser zum Kochen aufsetzen. Dann bei Mittelhitze offen kochen, bis alles Wasser aufgesogen ist und sich an der Oberfläche Löcher bilden. Vom Feuer nehmen. Den Reis in einem Dämpfaufsatz oder einem Sieb über sprudelnd kochendem Wasser 25 - 30 Minuten dämpfen. Er ist dann körnig und locker.

YAM TANG KWA

Gurkensalat

2 grüne Salatgurken
1 kleine Zwiebel
2 EL Garnelenpulver
1 oder 2 frische rote Chilis entkernt und gehackt
2 EL Fischsoße
Zitronensaft

Die Gurken schälen, entkernen und grob raffeln. Die Zwiebel schälen und reiben. Alle Zutaten vermengen und servieren.

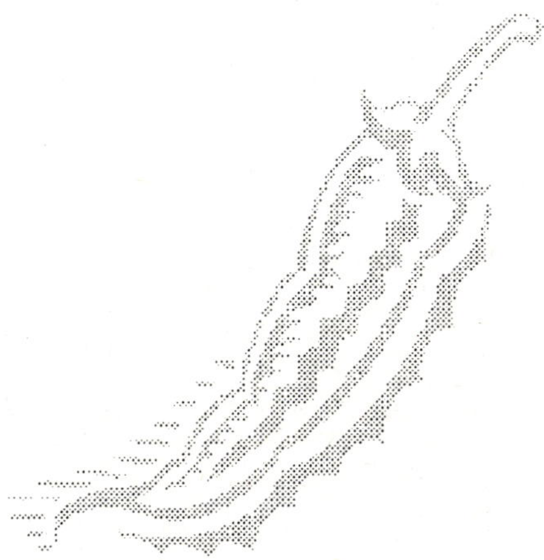

GÄNG KUA SAPPAROT

Schweinefleisch mit Ananas

400 gr. Schweinefleisch
Zitronenblätter
1 Dose Ananas
1 Dose Kokosmilch
3 EL rote Curry-Paste
2 EL brauner Zucker
3 EL Fischfond
3 EL Zitronensaft

Das Schweinefleisch wird quer zur Faser in Streifen geschnitten. Die Ananasstücke läßt frau abtropfen, die Zitronenblätter werden gewaschen.
Von der Kokosmilch wird ein kleiner Teil abgenommen und zum Kochen gebracht, etwa 1 Minute kochen lassen, dann die Curry- Paste unterrühren und nochmals 1 Minute aufkochen lassen. Das Fleisch dazugeben und dann wieder 2 Minuten kochen lassen, dann die Ananasstücke, den Zucker, den Fischfond, die Zitronenblätter, den Zitronensaft und den Rest der Kokosmilch dazugeben. Den Ananassaft eingießen und das Ganze bei schwacher Hitze etwa 5 Minuten köcheln lassen.

KHAO PHAT

1 l kalter gedämpfter Reis
3 EL Erdnußöl
2 mittelgroße Zwiebeln,
fein gehackt
1 großes Schweinekotelett
in kleinen Würfeln
250 gr. rohe Garnelen,
geschält und ausgenommen
185 gr. Krabbenfleisch aus der Dose
3 Eier, geschlagen
Salz - Pfeffer
2 EL Fischsoße
1 EL Chilisoße
2 EL Tomatenpüree
250 gr. gehackte Frühlingszwiebeln
3 EL gehacktes Koriandergrün

Den Reis nach der Dämpfmethode kochen, ausbreiten und abkühlen lassen. In einem Wok oder einer großen Bratpfanne Öl erhitzen und die Zwiebeln unter ständigem Rühren vorsichtig weich und glasig anbraten. Dann die Hitze kräftig steigern. Das Schweinefleisch drei Minuten braten. Garnelen und Krabbenfleisch zugeben und etwa 3 Minuten braten, bis sie gar sind. In die Mitte des Wok die geschlagenen, mit Salz und Pfeffer gewürzten Eier gießen und rühren, bis sie eben anfangen zu stocken. Dann den Reis einrühren. Weiterrühren und umwenden, bis der Reis durch und durch heiß ist. Fischsoße darüberträufeln, untermischen; dann Chilisoße und Tomatenpüree zugeben, mischen , bis der Reis rötlich aussieht.
Vom Feuer nehmen, die Frühlingszwiebeln untermischen, auf einer Platte anrichten. Mit Koriandergrün bestreuen und auftragen.

BIRMA

1989 West: Jesus, lehre uns beten
Ost: Herr, lehre uns beten
WGT-Frauen aus Birma

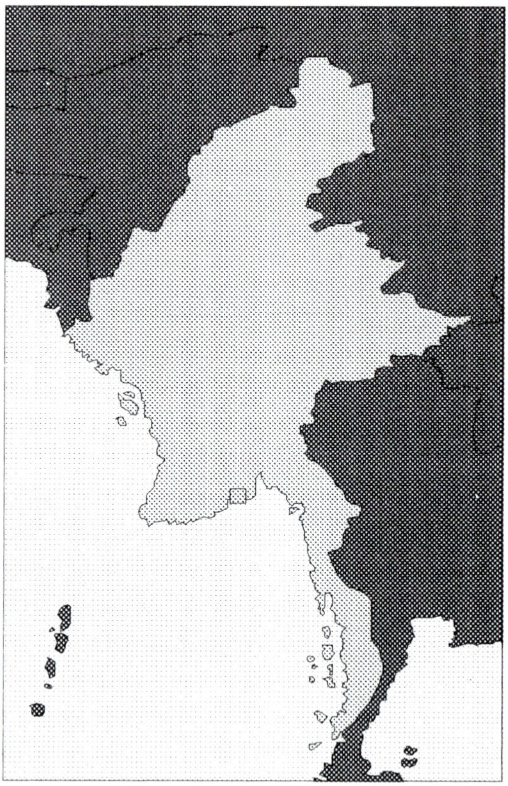

HIN CHO

Milde Suppe

1 1/2 l Brühe
2 mittelgroße Zwiebeln, in feine Scheiben geschnitten
1 EL Garnelenpulver
3 Pfefferkörner
1/4 TL getrocknete Shrimp - Paste
750 gr. Gemüse (Zucchini oder Kürbis oder Okra oder Blumenkohl oder Kohl Chinakohl(

Brühe zum Kochen bringen.Zwiebeln, Garnelenpulver, Pfefferkörner und die getrocknete Shrimps-Paste 5 Minuten kochen. Dann die Gemüse je nach Kochzeit dazugeben.

HIN GHA

Kräftige Suppe

Nach dem vorhergehenden Rezept verfahren, aber zugleich mit den Zwiebeln und den anderen Zutaten 4 kleingeschnittene Knoblauchzehen und 1/4 TL gemahlenen schwarzen Pfeffer dazugeben.

MOH HIN GHA

Fischsuppe mit Reis und Nudeln

500 gr. Filets von einem kräftig schmeckenden Fisch
4 mittelgroße Zwiebeln, grob gehackt
6 Knoblauchzehen, geschält
2 TL frischer Ingwer, fein gehackt
1 TL Kurkuma, gemahlen
1/2 TL Chilipulver
2 EL Sesamöl
4 EL Erdnussöl
2 frische Chilis, entkernt und gehackt
1 l dünne Kokosmilch
1 Dose Bambusschößlinge, fein geschnitten
besser: Bananenbaummark
1 TL Shrimp - Paste
1 EL Fischsosse (ngan pya ye)
3 EL Kichererbsenmehl
500 ml dicke Kokosmilch
2 EL Zitronensaft
500 gr. Reis- Vermicelli oder sehr feine Eiernudeln

Den Fisch kurz kochen. Die Brühe aufheben. Zwiebeln, Knoblauch, Ingwer, Kurkuma und Chilipulver mischen und pürieren. Beide Ölsorten in einem Topf erhitzen und die Paste samt den Chilis braten, bis das Ganze rotbraun ist. Das dauert gut 15 Minuten. Zwischendurch immer wieder umrühren. Wenn die Paste anfängt, am Topfboden zu haften, die Fischbrühe, die dünne Kokosmilch und die Bambuschößlinge dazugeben. Alles zum Kochen bringen und dann bei schwacher Hitze köcheln lassen, bis die Bambusschößlinge weich sind. Die Shrimp-Paste in der Fischsosse auflösen und in die Suppe geben. Das Kichererbsenmehl in Wasser glattrühren und dann an die Suppe geben. Unter ständigem Rühren wieder zum Kochen bringen, wieder 5 Minuten köcheln lassen, dann den Fisch zugeben. Die dicke Kokosmilch und den Zitronensaft zugeben , unter Rühren köcheln lassen.

Die Nudeln werden im Salzwasser eben weich gekocht. Sie werden in einer extra Schüssel aufgetragen und zur Suppe gereicht.

PANTHÉ KAUKSWÉ

1,5 kg Huhn
5 Knoblauchzehen, kleingehackt
3 mittelgroße Zwiebeln, feingehackt
1 EL frischer Ingwer, feingehackt
1 TL getrocknete Shrimp-Paste(ngapi)
2 EL Erdnussöl
1 EL Sesamöl
2 TL Chilipulver
2 TL Salz
500 ml dünne Kokosmilch
500 ml dicke Kokosmilch
2 EL Kichererbsenmehl
500 gr. dünne Eiernudeln

Das Huhn wird in Portionsstücke geschnitten. Der Knoblauch, die Zwiebeln, Ingwer und die Shrimp-Paste mit dem Erdnussöl im Mixer pürieren. In dem restlichen Öl die Paste 5 Minuten braten. Das Hühnerfleisch dazugeben und unter ständigem Rühren weiterbraten, dann das Chili, Salz und die dünne Kokosmilch zugeben. Das Ganze köcheln, bis das Fleisch gar ist; etwas heißes Wasser angießen, wenn das Gericht zu trocken wird. Die dicke Kokosmilch zugeben, langsam wieder zum Kochen kommen lassen und dabei ständig rühren, damit die Milch nicht gerinnt. Das Kichererbsenmehl mit etwas Wasser glattrühren, an das Gericht geben und weitere 5 Minuten kochen . Das Curry-Gericht sollte reichlich Sosse haben.
Kurz vor dem Essen die Nudeln in reichlich gesalzenem Wasser weich kochen.

SANWIN MAKIN

Weizengrießauflauf

250 gr.feiner Weizengrieß
750 ml dicke Kokosmilch
250 ml Zucker
125 gr. ghee (siehe Indien)
1/4 TL Kardamom , gemahlen
3 Eier getrennt
3 EL Sesamkerne

Den Weizengrieß in einen großen Topf geben und nach und nach die Kokosmilch so einrühren, daß sich keine Klümpchen bilden. Den Zucker zugeben, bei Mittelhitze unter ständigem Rühren zum Kochen bringen. Dem kochenden Brei ghee hinzugeben und solange weiterkochen, bis der Brei sehr dick ist und sich von der Topfwand löst. Kardamom und Salz dazugeben.

Die Eigelb einzeln verquirlen, das Eiweiß zu steifem Schnee schlagen und beides unterziehen. Den Brei dann in eine gebutterte Auflaufform geben. Die Sesamkerne in einer trockenen Pfanne bei Mittelhitze unter ständigem Rühren goldgelb rösten. Über den Brei streuen.

45 - 60 Minuten im Backofen bei 160 grad backen, dann in Rauten schneiden.

INDIEN

Zum indischen Weltgebetstag 1985 begannen wir zu kochen. Wir hatten uns sicher eines der schwersten Länder als erstes ausgesucht. Denn die indische Küche ist sehr stark von ihren Gewürzen geprägt, von den Currys, von Zusammenstellungen, die für unseren Geschmack nicht immer einfach sind.

Zwei Dinge werden mir immer in Erinnerung bleiben:

- Ich wollte die Rezepte erst einmal in der Gemeinde mit einer Gruppe von Frauen ausprobieren, die regelmäßig zum Kochen zusammenkamen und sich immer auch auf außergewöhnliche Rezepte freuten. Zur Arbeitserleichterung für mich sollten sie schon einmal die Curry-Mischung zubereiten für die Landestagungen in Soest und für die eigenen Rezepte. Ich war mir auch sicher, das so gesagt zu haben. Nach einer Weile kam eine der Frauen aus der Küche: "Frau Leichsenring, kommen Sie mal eben? Wir haben da eine Frage: Sah das in Ihrem Kochbuch auch so aus?" Das Currygericht im Buch strahlte goldgelb von der Abbildung. Das Gericht im Topf in unserer kleinen Küche sah eher aus wie westfälischer Panhas: ein paar weiße Hühnerstückchen schauten aus einer dunkelbraunen Masse heraus. "Wir haben doch nur die Menge an Gewürzen genommen, die wir fertiggestellt hatten." Die Gewürzmischung für Soest mußte neu gemacht werden, das Huhn trotz Abkochens im kochenden ungewürzten Wasser konnte nur noch weggeworfen werden.

Seien Sie also bitte vorsichtig mit den Gewürzen! Nachwürzen ist immer noch möglich.

- Einige Sachen wurden an diesem Abend ganz gut. Aber es war eben keine Pizza, keine Souflaki, kein Döner oder was sonst noch für unsere Geschmacksnerven ganz annehmbar ist. Kaum eine Frau nahm ein zweites Mal etwas, und selbst die Frauen, die sonst immer sofort für die Reste ihre Tupperschüsseln parat hatten, ließen diese diesmal in der Tasche. Auf den Tellern lagen viele Rest. Nur eine Frau aß mit mir zusammen bis zum Ende. "Wenigstens Ihnen hat es geschmeckt?!", fragte ich sie ganz erfreut. Ihre Antwort darauf ist bei uns zu einem geflügelten Wort geworden:
"Das schmeckt ganz gut, für den, der es mag. Ich mag es nicht, aber ich habe bei meiner Mutter gelernt: es wird alles gegessen, was auf den Tisch kommt und weggeschmissen wird nichts,"
Aber lassen Sie sich jetzt nicht davon abhalten, einmal Indiens gewürzte Speisen zu probieren. Eine andere Welt, aber sehr lecker.

Wenn man viel Arbeit hat,

fängt man am besten mit dem Essen an

Kamerun

Indische Gewürzmischung
Butterfett (Ghee)

GARAM MASALA

4 EL Koriandersamen
2 EL Kreuzkümmelsamen
1 EL schwarze Pfefferkörner
2 TL Kardamon-Samen
4x 7,5 cm Zimtstangen
1 TL ganze Nelken
1 ganze Muskatnuß

In einer kleinen Pfanne einzeln die Gewürze - außer Muskat - rösten. Sobald die Gewürze anfangen zu duften, auf einen Teller zum Abkühlen geben. Nach dem Rösten die Kardamonsamen enthülsen, die Kapseln wegwerfen und nur die Samen verwenden. Alles in einen elektrischen Mixer füllen und zu feinem Pulver zermahlen. Die Muskatnuß fein reiben und untermischen. In einem Glas mit luftdicht schließendem Deckel aufbewahren.

GHEE

Butter in einem Topf erhitzen, bis sie schmilzt und schaumig wird. Den Schaum mit einem Löffel abschöpfen, die geschmolzene Butter in eine feuerfeste Schüssel gießen und die Milchrückstände im Kochtopf wegschütten. Das Fett auf Zimmertemperatur abkühlen und dann im Kühlschrank erstarren lassen. Mit einem Löffel das Fett oben abnehmen und den Bodensatz zurücklassen. Nun wird es noch einmal erhitzt, dann durch Filterpapier oder Gaze gefiltert, um noch verbliebene Milchrückstände zu entfernen. Das so geklärte Fett hält sich ungekühlt drei bis vier Monate.

CHAPATIS

750 gr. feines Vollkornmehl
1 TL Salz
1 EL Ghee
250 gr. lauwarmes Wasser
(ergibt 20 - 24 Stück)

Mehl in eine Rührschüssel geben, ungefähr 125 gr. zum Ausrollen der Chapatis zurückhalten. Salz unter das Mehl mischen, dann ghee einarbeiten. Das Wasser auf einmal dazugeben und alles zu einem festen, aber nicht harten Teig verarbeiten. Den Teig mindestens 10 Minuten lang kneten. Dann zu einer Kugel formen, in Folie einschlagen und mindestens eine Stunde ruhen lassen. Wenn er über Nacht steht, werden die Chapatis besonders luftig und zart.
Aus dem Teig kleine Kugeln in Walnußgröße formen. Diese Kugeln auf einem leichtbemehlten Backbrett rund und so dünn wie möglich ausrollen. Wenn alle Chapatis ausgerollt sind, ein Backblech oder eine schwere Pfanne sehr heiß werden lassen und mit den ersten ausgerollten beginnen. Ungefähr eine Minute backen lassen, dann wenden und auf der anderen Seite wieder eine Minute backen. Leicht auf die Ränder drücken, dadurch bilden sich Luftblasen, die die Chapatis lockerer machen. Jeden einzelnen Chapati locker in ein Tuch geben, bis alle fertig sind. Sofort mit Butter oder Curries oder Gemüsegerichten servieren.

TAMATAR SALAT

Tomatensalat mit Minze

4 feste, rote Tomaten
6 Frühlingszwiebeln
125 gr. frische Minze
3 EL Zitronensaft
1/2 TL Salz
2 TL Zucker
1/2 TL Chilipulver

Die Tomaten schälen und in dünne Spalten schneiden. Die Frühlingszwiebeln in feine Scheiben schneiden und die Minze hacken. Zitronensaft, Salz, Zucker und Chilipulver miteinander verrühren, bis sich der Zucker aufgelöst hat. Dieses Dressing über die anderen Zutaten gießen und leicht, aber gründlich mixen. Zugedeckt kühl stellen.

ANDA KARI

Eier-Curry

6 Eier
2 EL ghee
2 mittelgroße Zwiebeln, fein gehackt
2 Knoblauchzehen, fein gehackt
2 TL frischer Ingwer, fein gerieben
3 TL Koriander, gemahlen
2 TL Kreuzkümmel, gemahlen
1 TL Kurkuma, gemahlen
17" TL Chilipulver
2-3 reife Tomaten, gewürfelt
1 TL Salz
125 ml heißes Wasser
1/2 TL garam masala

Die Eier hart kochen, unter fließendem, kaltem Wasser abschrecken, schälen und beiseite stellen. Zwiebeln, Knoblauch und Ingwer in heißem ghee weich und goldbraun braten. Die Gewürze dazugeben und ein paar Sekunden mitrösten, dann Tomaten und Salz zugeben und so lange köcheln lassen, bis die Tomaten zu einem Brei zerkocht sind. Heißes Wasser angießen und zugedeckt köcheln lassen, bis die Soße eingedickt ist, dann garam masala und die Eierhälften unterziehen und heiß werden lassen. Mit Reis servieren.

Kaju murgh kari

Hühnercurry mit Cashew-Nüssen

1 Huhn, etwa 1,75 kg schwer
3 EL ghee
2 große Zwiebeln, fein gehackt
3 Knoblauchzehen, fein gehackt
1 1/2 TL frischer Ingwer, fein gerieben
3 EL Currypulver
1 TL Chilipulver oder Paprikapulver
3 TL Salz
3 reife Tomaten, geschält und kleingeschnitten
2 EL gehacktes Koriandergrün oder Minze
2 TL garam Masala
125 gr. Joghurt
125 gr. Cashew-Nüsse, fein gemahlen

Huhn in kleine Portionsstücke zerlegen. In einem großen Topf ghee heiß werden lassen und unter gelegentlichem Rühren Zwiebeln, Knoblauch und Ingwer weich und goldgelb braten. Langsam bei niedriger Temperatur garen. Currypulver und Chilipulver dazugeben und eine Minute rühren, dann Salz , Tomaten und die gehackten Kräuter. Alles zu einem Püree verkochen, dabei mit einem Holzlöffel rühren. Die Hühnerteile zugeben; gut umrühren, damit sie von allen Seiten mit der Gewürzmischung überzogen werden. Den Topf fest verschließen und das Huhn bei sehr schwacher Hitze etwa 45 Minuten garen. MIt einem Holzlöffel alle 15 Minuten umrühren und dabei über den Topfboden schaben, um sicherzustellen, daß die Gewürze nicht festsetzen. Garam masala und Joghurt einrühren und 5 Minuten offen köcheln lassen. Zuletzt die Cashewnüsse dazugeben und heiß werden lassen. Mit der Minze oder dem Koriandergrün bestreuen, dazu Chapatis oder Reis reichen.

KITCHRI

Schmackhafter Reis mit Linsen

250 gr. Langkornreis
250 gr. rote Linsen
2 1/2 EL ghee
2 mittelgroße Zwiebeln
1 1/4 l heißes Wasser
1 1/2 TL garam masala
2 1/2 TL Salz

Den gewaschenen Reis gründlich abtropfen lassen. Die Linsen sorgfältig waschen, alle an der Oberfläche schwimmenden Linsen entfernen, gründlich abtropfen lassen. Ghee in einer Kasserolle erhitzen und die Zwiebeln darin goldbraun braten. Die Hälfte der Zwiebeln herausnehmen und beiseite stellen. Reis und Linsen in den Topf geben und unter ständigem Rühren anrösten, ungefähr 3 Minuten lang. Das heiße Wasser mit Salz und garam masala dazugeben, zum Kochen bringen, zudecken und bei sehr schwacher Hitze leise köcheln lassen, bis Reis und Linsen gar sind, etwa 20 - 25 Minuten. Während dieser Zeit den Deckel nicht aufheben und nicht umrühren.
Mit den restlichen Zwiebeln garnieren und heißt servieren.

NAN KHATAI

Mürbeteigplätzchen

125 gr. ghee
125 gr. Zucker
250 gr. Weizengrieß
60 gr. Mehl
1 TL Kardamon

Ghee mit Zucker schaumig rühren. Grieß, Mehl und Kardamon dazusieben und gut vermischen. Den Teig 30 Minuten ruhen lassen. Jeweils knapp 1 EL vom Teig abstechen, zu Kugeln rollen, die man leicht abflacht. Die Plätzchen mit etwas Abstand auf ein ungefettetes Backblech legen. Bei 150 - 160 grad langsam hell goldgelb backen. Backzeit ungefähr 30 Minuten. Auf einem Drahtgitter abkühlen lassen. Luftdicht verschlossen aufheben.

MACHCHI TAMATAR KI KARI

Fisch-Curry mit Tomate

500 gr. Fischfilet
2 EL ghee
1 mittelgroße Zwiebel
2 Knoblauchzehen
2 EL gehacktes, frisches Koriandergrün oder Minze
1 TL Kreuzkümmel, gemahlen
1 TL Kurkuma
1/2 TL Chilipulver
1 große, reife Tomate, kleingeschnitten
1 TL Salz
1 1/2 TL garam masala
Zitronensaft nach Geschmack

Den Fisch waschen und in Portionsstücke schneiden. Ghee in einem Topf erhitzen und Zwiebel, Knoblauch und Koriander bei schwacher Hitze anbraten, bis die Zwiebel weich und goldgelb ist. Kreuzkümmel, Kurkuma und Chilipulver zugeben und unter Umrühren garen.

Die Tomate. das Salz und garam masala zufügen und unter Rühren dünsten, bis die Tomate zu einem Püree zerkocht ist. Mit Zitronensaft und Salz abschmecken, die Fischstücke in die Tomatensoße legen und die Soße über den Fisch verteilen. Zugedeckt etwa 10 Minuten köcheln lassen , bis der Fisch gar ist. Mit Reis servieren.

KEEMA MATTAR

Hackfleisch mit frischen Erbsen

2 EL ghee
1 große Zwiebel, fein geschnitten
2 Knoblauchzehen
1/2 TL frischer Ingwer, fein gerieben
1 TL Kurkuma
1/2 TL Chilipulver
500 gr. Hackfleisch
125 gr. Joghurt
250 gr. frische Erbsen
1 TL garam masala
1 1/2 TL Salz
2 EL feingehacktes Koriandergrün
oder Minze
1 frische, rote Chili, fein gehackt

Die Zwiebel in heißem ghee braten, dann Knoblauch und Ingwer dazugeben und weiterbraten, bis die Zwiebel goldbraun ist. Kurkuma und Chilipulver einige Sekunden mitrühren, dann das Fleisch zugeben und so lange rühren, bis es die Farbe geändert hat. Große Klumpen zerdrücken. Joghurt und Erbsen einrühren, zugedeckt 15 Minuten garen. Garam masala einstreuen und weiterkochen, bis Fleisch und Erbsen gar sind.
Mit Koriandergrün und Chili servieren.

"Weltgebetstag der Frauen"

|

Spirituelle Quelle

von Frauen

für Frauen

Sung-Hee Lee-Linke

이 성희 (Südkorea)

30. 10. 97

Ein Grußwort zum 50. Jubiläum des Weltgebetstages in Deutschland von Dr. Choon - Ho Yuo-Martin

Weltgebetstag - ein ökumenisches Fest rund um die Welt. Jedes Jahr feiern die Frauen in aller Welt den Weltgebetstag mit den Frauen, aus denen die Ordnung des Gottesdienstes kommt. Sie lernen dabei die Frauen der jeweiligen Länder und deren geschichtlichen, geographischen, klimatischen, sozial-ökonomischen, politischen, religiös-kulturellen und ökologischen Lebenskontext durch ausführliche Information, Themen, Bibelarbeit, Sprache, Literatur, Theater, Musik, Tanz, Malerei, Tracht und Küche usw. kennen. Eine interkulturelle Begegnung im festlichen und auch im alltäglichen Raum kann doch durch „die Gaumenfreuden beim Essen“ am schnellsten verwirklicht werden. Ich finde, die Idee der Frauen anläßlich des 50. Jubiläums des Weltgebetstages in Deutschland, ein buntes Kochbuch aus den letzten 50 Weltgebetstagsländern zusammenzustellen, ist hervorragend. Denn das Kochbuch wird einen wunderbaren Teil der lebensfreudigen und kulinarischen Geschichte des ökumenischen Weltgebetstages reflektieren. Vor allem mit den bunten, wahrlich internationalen Rezepten können die Frauen in Deutschland viel Neues und Exotisches in der eigenen Küche kochen. Durch die kreativen Köstlichkeiten aus aller Welt wird eine Annäherung an „fremde“ Kulturen und „andere“ Menschen sicher viel leichter. Der Spruch „Liebe geht durch den Magen“ gilt allemal und bewahrheitet sich überall in der Welt.

Andere Länder haben andere Bräuche und dies gilt auch für die fremde Kochtradition der Koreanerinnen. Die koreanische Art zu kochen, zu servieren und zu essen unterscheidet sich wesentlich von der europäischen, und dies macht sie umso reizvoller. Einige Charakteristika der koreanischen „Koch-und Eßkunst“ von der Hofküche bis zur rustikalen Küche sind die meisten gut gewürzten Speisen mit verschiedenen vitaminreichen Zutaten, die mundgerechte, vielförmige Schneidetechnik bei der Zubereitung, das ästhetische Anrichten und Dekorieren der Speisen und die Gastfreundlichkeit der Koreanerinnen.

Ich hoffe, daß die koreanischen Gerichte in diesem Buch von jedermann leicht zubereitet werden können.

Ganz herzlich wünsche ich den jubilierenden Frauen zum 50. Weltgebetstag in Deutschland viel Spaß beim gemeinsamen Kochen und Essen. Guten Appetit - oder auf koreanisch „Ma Ni - Du-Se-Ijo!“

Choon-Ho You-Martin

›Über die koreanische Kochkunst‹

Die koreanische Art zu kochen unterscheidet sich wesentlich von der europäischen. Der Schwerpunkt bei der Vorbereitung eines koreanischen Mahls liegt im mundgerechten Zerschneiden der Zutaten, dem aromatischen, oft scharfen Würzen und dem liebevollen Dekorieren der Speisen. Fettanteil koreanischer Gerichte ist meist gering. Vitamine und Mineralstoffe sind hingegen reichlich enthalten. Es ist in Korea üblich, drei Mahlzeiten am Tage warm zu servieren. Dort kennt man keine Menüreihenfolge. Die Grund- (Reis, Suppe, Salat) und Hauptgerichte (Fleisch-, Fisch- Nudel-, Reis- und Gemüsegericht) werden alle gleichzeitig in der Mitte des Tisches arrangiert, so daß sich jeder nach Lust und Laune bedienen kann.

Durch günstige Klimabedingung und geographische Lage bringt das Land der Morgenstille, Korea, neben den umfangreichen Fleisch- und Fischerzeugnissen eine große Zahl von Getreide-, Gemüse-, Gewürze- und Obstsorten hervor, die hierzulande weitgehend noch unbekannt sind. Die hier ausgewählten Rezeptzutaten sind auf das Angebot europäischen Wochenmarkt abgestimmt. Um koreanisch kochen zu können, braucht man nicht unbedingt besonderes Kochgeschirr, etwa einen Wok. Herkömmliche Pfannen und Kochtöpfe sind durchaus geeignet. Das Dauer der Zubereitung ist meistens abhängig von der Art der Schneidetechnik. Je kleiner und feiner die Stücke, desto kürzer und vitaminschonender ist der Kochprozeß.

1. Scharfe Fischsuppe (Saeng-Seun-Guk)

Koreanische Suppen können dickflüssig, scharf, würzig, klar, mild oder delikat sein. Für die Zubereitung der Suppen werden verschiedene Gemüsearten mit Rind-, Schweine- und Hühnerfleisch, aber vor allem mit Fischen und Meeresfrüchten kombiniert. Suppen sind kein Vorgericht, sondern mit den Hauptgerichten serviert. Eine Mahlzeit ohne Suppe ist für einen Koreaner unvorstellbar.

Zutaten:
250g Fischfilet (bevorzugt Seebarsch, Schellfisch, Seezunge und Tintenfisch)
500g Seemuscheln
6-8 große Garnelen
1/2 Packung Tofu
1/2 Stück Rettich
1 Zuccini
1 Lauchstange
3 gepreßte Knoblauchzehen
2 Eßl. Chilipulver oder Cayenne-Pfeffer (scharf)
1 Eßl. Sojasauce
1 Eßl. Sesamöl
1,5 l Fischfond
Pfeffer, Salz

Das Fischfilet in ca. 5 cm lange Streifen schneiden. Seemuscheln gründlich waschen und die Garnelen von der Schalen lösen. Tofu in ca. 2-3 cm große Würfel, Rettich, Zuccini in dünne Scheiben und Lauch fein schneiden. Fischfond mit den Knoblauchzehen in einem Suppentopf aufkochen lassen. Rettich, Zuccini in den Topf geben, nach weiteren 10 Minuten Seemuscheln, Fischfilet und Garnelen hinzufügen. Die Hitze reduzieren und die Suppe ca. 20 Minuten leicht kochen lassen. Mit Salz, Pfeffer, Sojasauce, Sesamöl und Chilipulver abschmecken. Kurz vor dem Anrichten Tofustücke und Lauchschnitte in die Suppe gleiten lassen und weitere 2 Minuten kochen. Als Beilage zur Suppe reicht man stets eine Schale mit Reis.

Für 3-4 Personen
Zubereitungszeit: 1 Stunde

2. Feuerfleisch (Bul-Go-Gi)

Dieses beliebte Fleischgericht wird über glühender Holzkohle an der Tafel gegrillt. Man kann auch das marinierte Fleisch in Wok oder in einer normalen Bratpfanne direkt auf dem Eßtisch braten.

Zutaten:
600g Rinderfilet
1 Tasse Fleischbrühe

Zur Marinade
1/2 geriebene Birne
2 Eßl. Reiswein oder Weißwein
5 Eßl. klein gechnittene Lauch oder Frühlingszwiebeln
3-4 zerdrückte Knoblauchzehen
3 Eßl. Zucker
6 Eßl. Sojasauce
2 Eßl Sesamöl
1 Eßl. Sesamkörner
1 Prise Glutamat
Salz, Pfeffer

Das Rinderfilet in kleine dünne Streifen schneiden. Aus den genannten Zutaten eine Marinade zubereiten. Das Fleisch mit der Flüssigkeit gut vermischen und mindestens 3-5 Stunden im Kühlschrank ziehen lassen. Das marinierte Fleisch bei der starken Hitze kurz grillen oder braten. Während des Grill- und Bratvorgangs sollte man es mit der Marinade ab und zu beträufeln und mit der Fleischbrühe eßlöffelweise übergießen. Mit Reis und Salat servieren.

Für 2-4 Personen
Zubereitungszeit: ca. 30 Minuten
Marinierzeit: 3-5 Stunden

3. Bunter Reis mit Gemüse (Bi-Bam-Bab)

Dieses Reisgericht ist mit den farbenfrohen Zutaten zubereitet und geeignet für ein einfaches Gast- oder Festmahl.

Zutaten;
200g Milchreis
200g mageres Rindfleisch
2 Eier
1 Gurke
1 Möhre
200g Sojasprossenkeime
50g Shiitake-Pilze (getrocknet)
200g Rettich
1 Schnittlauch
1/2 gepreßte Knoblauchzehe
1 Eßl. Zucker
3 Eßl. Sojasauce
Sesamöl
Salz, Peffer

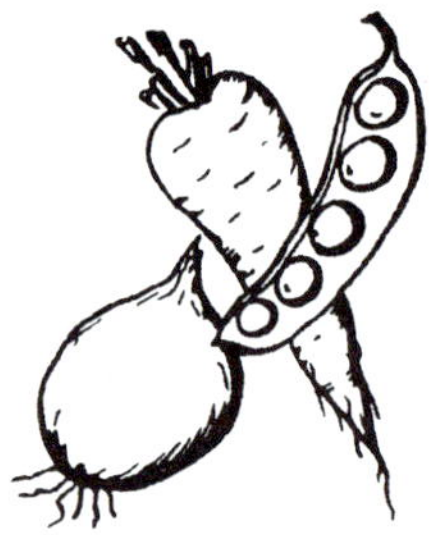

Die getrocknete Pilze in warmen Wasser ca.30 Minuten einweichen und in Scheiben schneiden. Den Reis kochen. Das Rindfleisch in dünne Streifen schneiden und in einer Marinade aus Sojasauce, Zucker, Sesamöl, der gepreßten Knoblauchzehe einlegen, 10 Minunten ziehen lassen. Gurken, Rettich und Möhre längs halbieren, leicht salzen, ziehen lassen, die Flüssigkeit leicht abdrücken, in Streifen schneiden. Sojasprossenkeime waschen. Sesamöl in einer Pfanne erhitzten und das Rindfleisch unter mehrmaligem Rühren braten. Die Pilze und alle Gemüse nacheinander mit etwas Salz und Pfeffer in Sesamöl kurz und knackig garen. Die Eier nach einander aufschlagen und in die Pfanne gleiten lassen. Bei der mittleren Hitze kurz braten. Jeder Gast erhält eine tiefe Schüssel, in der der kochte Reis als unterste Schicht ausgebreitet wird. In der Mitte der Schüssel werden, farblich abgestimmt, die Gemüse- und Fleischzutaten in kleinen Portionen nebeneinander gehäuft, das Spiegelei wird am Rande plaziert. Mit dem klein geschnittenen Lauch garnieren und servieren. Vor dem Verzehr werden alle Zutaten mit Reis gut mischen, mit Sojasauce, Pfeffer abschmecken. Wer ein etwas pikantes Aroma bevorzugt, gibt einen Teel. Paprikapaste (Go-Tchu-Chang) dazu.

Für 2 Personen
Zubereitungsazeit: 50 Minunten

4. Chinakohlsalat (Gim-Tchi)

Gim-Tschi ist eine jahrtausendalte, spezielle Art der Gemüsezubereitung in Korea. Bevorzgte Gemüse für die Zubereitung von Kim-Tchi sind Chinakohl, Rettich, Weißkohl, Gurke und Lauch. Jenach Jahreszeit und Temperatur dauert der Gärungsprozeß der eingelegten Gemüse in einer Salzlake von wenigen Tagen im Sommer bis zu einigen Monaten im Winter. Kim-Tchi ist ein wichtiges Grundelement jeder Mahlzeit.

Zutaten:
1 Chinakohl

Für die Füllung
1 Rettich
2 Karotten
1/2 Birne
3 Bund Schnittlauch
150g gesalzte kleine Schrimps oder 1 Eßl. Sardellenpaste
3 zerdrückte Knoblauchzehen
1/2 Eßl. feingehackte Ingwerwurzel
2 Eßl. Zucker
4 Eßl. Paprikapulver (scharf)
Salz

Den Chinakohl sorgfältig waschen, von der Wurzel bis zur Spitze halbieren, im Salzwasser, zubereitet aus 2 Liter Wasser und 8 Eßl. Salz, etwa 2-4 Stunden einweichen. Danach abspülen, abtropfen lassen und aufheben. In der Zwischenzeit Rettich, Karotten, Birne diagonal in dünne Scheiben und diese in feine Streifen schneiden. Den Schnittlauch klein schneiden und die Schrimps fein hacken. Die Rettich-, Karotten- und Birnenstreifen mit Schrims, Schnittlauch, Knoblauch, Ingwer, Paprikapulver, Zucker, Salz gut vermischen. Diese Füllung eßlöffelweise zwischen die einzelnen Kohlblätter füllen. Chinakohl in einen Steinguttopf legen und mit den abgesonderten Kohlblättern abdecken. 1 Liter Wasser mit 4-5 Eßl. Salz darübergießen, mindestens 3-4 Tage an einem kühlen Ort aufbewahren. Der gefüllte Chinakohl wird etwa 3-4 cm geschnitten und kühl serviert.

Für 3-4 Personen
Zubereitungszeit: 40 Minuten
Einweichzeit: 2-4 Stunden
Ruhezeit: mindestens 3-4 Tage

5. Honigküchlein (Yak-Gwa)

Diese kleine, in Honig getränkte Süßspeise ist sehr gehaltvoll. Man reicht sie als Nachspeise oder zur Teestunde.

Zutaten:
250 g Weizenmehl
200 g Honig
4 Eßl. Reiswein oder Sherry
2 Teel. Zimtpulver
1 Eßl. Zucker
3. Eßl. Zitronenfleisch
2-3 Eßl. Pinienkerne
Öl zum Frittieren

Das Mehl mit 50 g Honig, Zucker, Reiswein, Zimt und 4 El. Wasser zu einem glatten Teig verkneten. Diesen auf einer mehlbestreuten Arbeitsfläche etwa 1/2 cm dick ausrollen und kreisförmige Plätzen ausstechen. Öl in einem Topf erhitzen und die Plätzchen hellgelb fritieren, herausfischen und abtropfen lassen. 150 g Honig mit 150 ml Wasser und dem kleingehackten Zitronenfleisch in einer Pfanne ca. 5 Minuten erwärmen und in einem tiefen Teller abkühlen lassen. Die ausgebackenen Plätzchen in die Flüssigkeit legen und mindestens 1 Stunde ziehen lassen. Mit gehackten Pinienkernen bestreuen und kühl sevieren.

Für 2-3 Personen
Zubereitungszeiten: 30 Minuten
Einlegezeit: 1 Stunde

6. Gerstentee (Bo-Ri-Cha)

Geröstete Gerste wird zu einem bekömmlichen Getränk verarbeitet, welches im Sommer gekühlt und zur Winterzeit warm serviert wird.

Zutaten:
6 Teel. Gerstenkörner
1 Teel. Sonnenblumenöl

Das Öl in einer Pfanne erhitzen und die Gerstenkörner unter mehrfachem Rühren gelbbraun rösten. Die gerösteten Körner mit 1 l Wasser 5 Minuten bei starker und dann 20 Minuten bei schwacher Hitze kochen lassen. Die Flüssigkeit durch ein Sieb geben, eventuell mit Zucker und Zitronenscheiben zum Essen servieren.

Für 3-4 Personen. Zubereitungszeiten: 40 Minuten

NORDAMERIKA

NORDAMERIKA

1952 Christus, unsere Hoffnung
Wanderarbeiter/innen, Farmpächter/innen
und indianische Frauen, USA

1956 Eine Herde - ein Hirte
Indianische Christen/innen, USA

1960 Wir sind Gottes Mitarbeiter
WGT-Frauen aus Kanada

1961 Dein Reich komme
Sue Weddell, USA

1965 Es ist dir gesagt, Mensch, was gut ist
und was der Herr von dir fordert....
Pearl McNeil, USA

1981 West: Unsere Erde - Gottes Schöpfung
Ost: Die Erde ist des Herrn
Indianische Frauen aus den USA

Indianerinnen Nordamerikas - Nordamerika und Kanada

Verschlungene Pfade: Ein Ehepaar unserer Gemeinde besuchte im vergangenen Jahr Freunde in Kanada. Ich erzählte ihnen vorher von dem Kochbuch und bat sie, die Freundin nach kanadischen Rezepten zu fragen.
Die Rezepte kamen und außerdem Unterlagen der Freundin zum Weltgebetstag 1994 und einige ihrer Gedanken dazu. Das ihre Freundin den Weltgebetstag kenne und auch aktiv mitmache, darüber hätten sie vorher nie gesprochen. Wahrscheinlich hatten sie auch vorher nie darüber gesprochen, daß die Freundin Kontakt zu einer Indianergruppe in ihrer Gegend hat und daß sie die Anleitung zum Lachstrocknen und zwei indianische Rezepte mitschickte. Und ich hatte nicht im Traum darin gedacht, indianische Rezepte zu bekommen.
Meine Freude darüber war groß; groß war aber auch die Freude darüber, daß die deutsche Freundin 1998 zum WGT-Gottesdienst unserer Gemeinde kam und mich ganz stolz darauf aufmerksam machte, daß sie nun wisse, was für ein wichtiger Tag dieses für Frauen hier bei uns und in Kanada, unter deutschen, kanadischen und indianischen Frauen sei.
Weltgebetstag zeigt mir manchmal auch etwas Neues über Menschen, die ich schon lange gut zu kennen glaube. Er ist eben immer für (angenehme) Überraschungen gut!

Ein kurzes Wort zu den Rezepten:
Die amerikanische Küche ist so unterschiedlich wie die Länder, aus denen die Menschen, die dort leben, kommen. Ich habe darum nur die aufgeschrieben, die ich aus Kanada bekommen habe und einige wenige Rezepte aus den USA, vor allem das berühmte Truthahn-Rezept zu Thanksgiving.

Gefüllter Truthahn

Aus vielen amerikanischen Filmen wissen wir es: der Truthahn ist das traditionelle Familienessen zum amerikanischen Erntefest, dem Thanksgiving Day, das Ende November gefeiert wird.
Der Puter wird fast immer gefüllt zubereitet und gegessen. 2 der wichtigsten Füllungen werden hier beschrieben:

Kastanien- Füllung: 1 Pfund Esskastanien
50 gr. Butter
3-4 EL Rahm
1 kl. Zwiebel
1/2 Sellerieknolle
Salz - Pfeffer -Muskat - etwas Milch - heißes Wasser.

Die Kastanien werden eingekerbt und im Ofen geröstet, bis sich die Schale entfernen läßt. Mit dem würfelig geschnittenen Sellerie und der feingeschnittenen Zwiebel in einen Topf geben, dazu kochendes Wasser und einen Schuß Milch darüber und alles auf kleiner Flamme weich dämpfen. Die Masse wird durch ein Sieb passiert, mit geschmolzener Butter und Rahm glatt rühren, mit den Gewürzen würzen und dann etwas abgekühlt in den Puter geben, der vorher mit Salz, Thymian oder Majoran ausgerieben wurde.

Erdnußfüllung:

200 gr. Semmelbrösel
100 gr. Butter
2 Zwiebeln, feingehackt
200 gr. geröstete Erdnüsse
die Geflügelleber
2 hartgekochte Eier.
etwas Milch - 1 Schuß Rum -
Salz- Pfeffer - Thymian - Petersilie

Die Zwiebeln werden in Butter angedünstet, die eingeschnittene Leben dazugegeben und kurz durchgeröstet. Die Semmelbrösel werden in etwas Milch und geschmolzener Butter eingeweicht; die Leber wird dazugegeben und das Ganze mit den Gewürzen und einem Schuß Rum gewürzt. Dazu kommen dann noch die durchgesiebten Eigelbe und das Eiweiß, zuletzt die grobgehackten, gerösteten und von der braunen Haut befreiten Erdnüsse.
Das Ganze muß gut gemischt werden.

CALIFORNIA CHICKEN SALAD

Kalifornischer Hühnersalat

1 gekochtes kaltes Hähnchen
2 Orangen
1 Grapefruit
2 Scheiben Dosen - Ananas
100 gr. Mayonnaise
1/8 l Rahm
1 EL Tomatenketchup
1 Röhrchen Kapern
1 Zitrone
Salatblätter
Salz - Zucker

Das Fleisch in kleine Stücke schneiden und in eine Schüssel geben, dann die Kapern dazu und die entkernten und in feine Schnitze geschnittenen Orangen und Grapefruit und die Ananaswürfel. Der Zitronensaft wird darüber gespritzt und alles gut gemischt.
Der Tomatenketchup und der Rahm werden mit der Mayonnaise verquirlt, mit Salz und Zucker abgeschmeckt; die Sauce kommt über den Salat, das Ganze wird gut gemischt und kalt gestellt.

BOSTON BAKED BEANS

Bostoner gebackene Bohnen

750 gr. Räucherfleisch
125 gr. magerer Räucherspeck
500 gr. kleine weiße Bohnen
1 große Zwiebel, feingehackt
1/2 Tasse Sirup
1 TL Senfmehl
Salz - heißes Wasser

Die über Nacht eingeweichten Bohnen werden mit frischem Wasser aufgesetzt und halbgar gekocht. Ein feuerfester Topf wird mit Speckscheiben ausgelegt,darüberkommt die feingehackte Zwiebel, darauf eine Schicht Bohnen, darauf das Räucherfleisch, dann wieder Bohnen. Die halbe Tasse (Ahorn)Sirup wird mit dem Senfmehl, dem Salz und etwas heißem Wasser vermischt und über die Bohnen gegeben. Dann kommt noch etwas kochendes Wasser darüber und das Ganze wird anschließend zugedeckt. Das Gericht muß bei kleiner Hitze im Ofen garen, bis zu 3 Stunden, je nach Beschaffenheit der Bohnen. Gut eine Stunde vor Ende der Garzeit wird das Fleisch nach oben gehoben, damit es kross wird.

Hamburger

800 gr. Rinderhack , sehr mager
Salz - Pfeffer
Olivenöl
2 Zwiebeln
Tomatenketchup
Toastbrotscheiben oder Brötchen

Das feingehackte Fleisch mit Salz, Pfeffer und etwas Öl verkneten und daraus 4 Steaks formen. Grillen oder in der Pfanne schnell abbraten, so daß sie außen braun, innen aber noch rosig sind. Mit Zwiebelringen belegen, zwischen zwei Toastbrotscheiben oder Brötchenhälften klemmen und mit Tomatenketchup beträufeln

Im Südwesten und Westen der USA ebenso beliebt wie in Mexico:

CHILI CON CARNE

1 1/2 Pfund mageres Rindfleisch, in Würfel geschnitten
1 Suppenteller gekochte rote Bohnen
3 Zwiebeln, kleingehackt
1 Knoblauchzehe, kleingehackt
1 EL Paprika
2-3 rote Peperoni, in Streifen geschnitten
4 Tomaten, geschält und geviertelt
4 EL Öl
Salz - Pfeffer
heißes Wasser

Die Zwiebeln und den Knoblauch im heißen Öl rösten, dann das Fleisch dazugeben und unter ständigem Rühren braun braten. Dann die Pfefferschoten und das Salz, Pfeffer und Paprika dazugeben und soviel kochendes Wasser, daß das Fleisch nicht anbrennen kann. Zugedeckt 1 1/2 Stunden schmoren lassen. Dann kommen die Tomaten dazu und die Bohnen, danach muß das Gericht noch eine halbe Stunde durchdämpfen.

AMERIKANISCHE INGWER PLÄTZCHEN

100 gr. eingelegter Ingwer
1/2 TL Ingwerpulver
150 gr. Butter
80 gr. Honig
1 Ei
300 gr. frisch gem. Weizen

Zum Bestrichen und Verzieren:
1 Eigelb
etwas Sahne
50 gr. Ingwerstückchen

Den Ingwer fein schneiden und mit dem Ingwerpulver, der Butter, dem Honig, dem Ei und dem Weizen zu einem glatten Teig verkneten und drei Stunden im Kühlschrank ruhen lassen.
Die Backbleche mit Papier auslegen.
Den Teig auf einer bemehlten Fläche etwa 1/2 cm dick ausrollen, mit einem Teigrädchen 4x4 cm große Stücke ausrädeln und auf das Blech geben.
Das Eigelb mit der Sahne verquirlen, die Plätzchen damit bestreichen, mit Ingwerstückchen bestreuen und 15 Minuten bei 180 grad backen.

Limonenkuchen aus Florida

150 gr. Mehl
100 gr. Butter
Salz
2-3 EL kaltes Wasser

5 Eier getrennt
Saft von 2-3 Zitronen
200 gr. Zucker
1 gehäufter EL Stärkemehl
30 gr. Puderzucker

Mehl, Butter, Salz und Wasser werden zu einem Mürbeteig verarbeitet und in einer Form gebacken. Die Creme wird im Wasserbad zubereitet: Eidotter Zucker, der Saft und das Stärkemehl werden solange mit dem Schneebesen geschlagen, bis die Creme dicklich wird. Dann wird sie auf den ausgekühlten Tortenboden gegeben. Das Eiweiß wird fest geschlagen, 3/4 des Puderzuckers kommen hinein und mit dieser Masse wird dann die Creme abgedeckt und der Rest des Puderzuckers darüber gestreut. Der Kuchen kommt dann noch einmal bei mäßiger Oberhitze für 10 - 15 MInuten in den Ofen.

KANADA/USA

Weltgebetstag-Frauen aus Kanada 1960
Indianische Frauen aus den USA 1956 und 1981

Donna Porthier und Adelheid Schimmerle, ohne Grußwort, aber mit sehr viel geschwisterlicher Solidarität und guter Erinnerung an Deutschland

INDIANISCHES FLADENBROT

Zu einer indianischen Mahlzeit gehört
unbedingt ein großer Stoß Fladenbrot

3 Tassen Vollkornmehl
1 gehäufter TL Backpulver
1 Prise Salz und Wasser

Die trockenen Bestandteile werden gut miteinander vermischt. Anschließend wird beim Kneten so viel Wasser hinzugefügt, bis ein fester Teig entsteht. Dieser Teig wird durchgeknetet. Dann werden daraus flache Teigstücke von etwa 7-10 cm Durchmesser geformt. In einer Bratpfanne mit Öl, Schmalz oder Butter werden diese Teigstücke ausgebacken und gewendet. Die Fladenbrote schmecken gut mit Marmelade, Honig und auch Knoblauchbutter.

Im Innern der Provinz BritishColumbia (Canada) ist Trocknen die übliche Methode, um Lachs haltbar zu machen.
Die Fische hängen an Ständern ähnlichen Gestellen über kleinen Feuern, die nur so viel Rauch erzeugen, damit die Fliegen wegbleiben, aber nicht den Geschmack der Fische beeinflussen. Obgleich Erlen-Holz für den Rauch benutzt wird, kann jegliche andere Art Holz zur Erzeugung des Rauches verwendet werden.
Die Gestelle bestehen aus Querlatten, die 5 Fuss (ca. 1,5 m) vom Boden entfernt sind.
Die Fische werden wie folgt zubereitet:
1. Den Kopf entfernen, indem man gerade eben unter den Kiemen schneidet.
2. Spalte den Fisch längenmäßig an der Unterseite und entferne die Innereien.
3. An jeder Seite des Rückgrates (1,25 cm Fischfleisch am Knochen lassen) macht man einen langen Schnitt durch das Fleisch und die Haut am Rücken. Rückengräte am Schwanz befestigt lassen.
4. Spalte die beiden großen Seitenstücke längenmäßig in die Hälfte, so daß der Fisch aus 5 Streifen besteht, die durch den Schwanz zusammengehalten werden.
5. Hänge den Fisch an das Gestell mit dem Rückgrat und den beiden Streifen, die dem Rückgrat am nächsten liegen, an eine Seite der Stange. Die zwie äußeren Fischstreifen kommen an die andere Seite der Stange um die Balance zu halten.
6. Laß die Fische für 2 - 4 Tage hängen, je nach Wetter. Danach laß die Fische gut trocknen und bewahre sie an einem kühlen trockenen Platz auf.

Charlie Drainey -
Deadman's Creek, B.C.

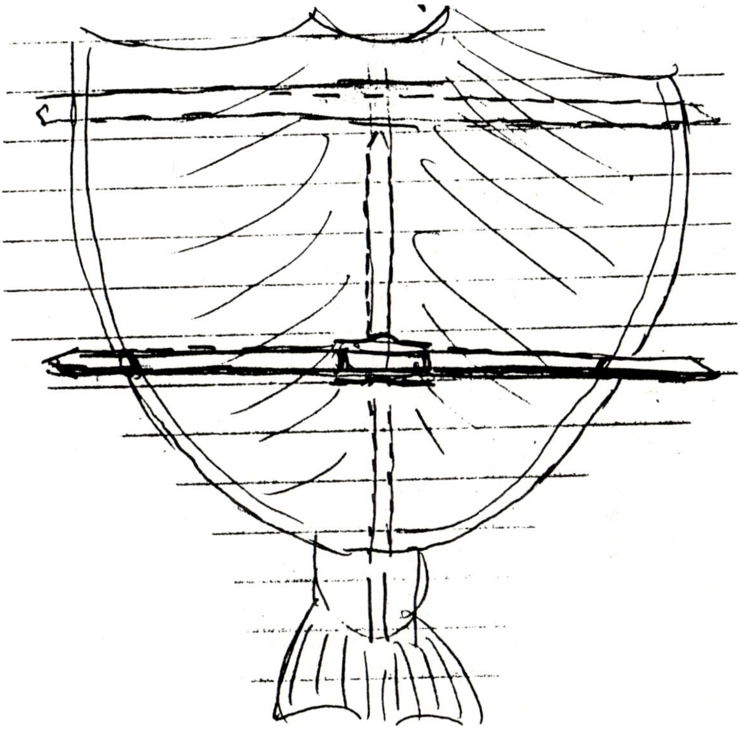

Gebackener Indianischer Pudding

Zutaten:
0,5 l Milch
5 Eßlöffel Maismehl
0,5 l Dosenmilch (7,5% oder weniger)
0,125 l Sirup
1 Teelöffel Salz
3/4 Teelöffel Piment
1/2 Teelöffel Ingwer
1/2 Teelöffel Zimt
1/4 Teelöffel frisch geriebene Muskatnuß
2 gut geschlagene Eier
180 gr. brauner Zucker
2 Eßlöffel geschmolzene Butter
0,25 l kalte Milch

Die Milch erhitzen, nicht kochen, Maismehl hinzufügen und unter ständigem Rühren 5 Minuten kochen bis die Masse dick wird. Im Wasserbad zugedeckt 25 Minuten kochen lassen. Leicht abkühlen, danach alle anderen Zutaten hinzugeben, in eine gut gebutterte Auflaufform füllen und bei 170 Grad etwa 30 Minuten backen, danach die kalte Milch darüber gießen und nochmals bei gleicher Hitze weitere 2 Stunden backen.
Noch warm mit flüssiger Sahne servieren.

Donna Porthier

Canadische gebackene Bohnen mit Schweinefleisch

Zutaten:
500 gr. weiße Bohnen
1 1/2 Teelöffel Salz
0,5 kg Schweinefleisch gepökelt
625 gr. Tomaten aus der Dose
1 Tasse fein gehackte Zwiebeln
1 1/2 Teelöffel Senfpulver
3/4 Tasse Sirup
1/4 Teelöffel gemahlener Pfeffer
1/4 Teelöffel kochendes Wasser

Bohnen über Nacht einweichen. Am nächsten Morgen Salz hinzufügen und etwas langsam 30 Minuten kochen, abgießen, die Flüssigkeit aufheben.
Fleisch in Scheiben schneiden; die Hälfte in eine feuerfeste Form geben, darauf die Hälfte der Bohnen, dann den Rest Fleisch, die Hälfte der Tomaten und Zwiebeln, dann die restlichen Bohnen, darauf die restlichen Tomaten und Zwiebeln.
Senfpulver, Sirup und Pfeffer und Wasser mischen und über die Bohnen gießen. Tomatensaft und Flüssigkeit von den Bohnen über die Bohnen gießen, so daß die Bohnen 1 Fingerbreit bedeckt sind. Den Topf zudecken, bei 120 Grad 8 - 9 Stunden im Ofen backen, wenn nötig Bohnenflüssigkeit nachfüllen.
Heiss servieren.

Donna Porthier

Gebackene Forelle mit Räucherspeck

2 Lachsforellen
250 gr. dünngeschnittener Räucherspeck
Salz - Pfeffer - Butter

Eine gebutterte Bratpfanne oder feuerfeste Form wird mit dem Räucherspeck ausgelegt, darauf kommen die Forellen, innen mit Salz und Pfeffer eingerieben. Die Forellen werden mit Räucherspeck zugedeckt. Die Pfanne wird mit einem Deckel geschlossen oder Aluminiumfolie und dann in den mäßig heißen Offen gegeben. Nach etwa 45 MInuten wird die Pfanne aufgedeckt, die Speckscheiben können noch ein wenig nachdunkeln.

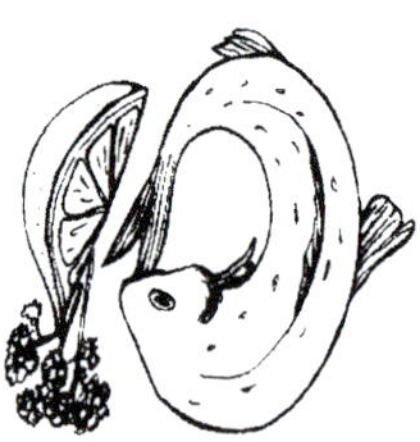

Canadischer Kartoffelsalat

Zutaten:
6 mittelgroße Kartoffeln
1 Teelöffel Salz
2 Esslöffel gehackte Zwiebeln
75 gr. gehackter Sellerie
2 Esslöffel Petersilie
1 Esslöffel Schnittlauch
2 hart gekochte Eier, gewürfelt
2 Esslöffel grüner oder roter Paprika
2 Esslöffel gehackte Mandeln
2 Esslöffel süß-sauer eingelegte gehackte Gurken

Dressing:

125 gr. Zucker
1/2 Teelöffel Salz
1 Teelöffel Senfpulver
1/8 l Essig
2 gut geschlagene Eier
1 EL Butter werden in eine Form gegeben und über dem Wasserdampf geschlagen.
oder
Mayonnaise
180 gr Dosenmilch
70 ml Creme fraiche
Pfeffer und Salz

Adelheid Schimmerle

Canadian Blueberry Scones

50 gr. Butter
50 gr. Zucker
2 Eier
250 gr. Mehl
1/8 l Rahm
1 Prise Salz
1/2 Backpulver
150 - 200 gr. Blaubeeren
1-2 EL Zucker
1. MS Zimt
zerlassene Butter

Butter und Zucker werden schaumig gerührt, dann kommen die beiden Eier zu der Schaummasse, dann darauf, abwechselnd mit dem Rahm , das mit Salz und Backpulver gesiebte Mehl. Zuletzt kommen die mit Zimtzucker bestreuten trockenen Blaubeeren in den Teig. Esslöffelgroße Häufchen dieses Teiges kommen auf ein gebuttertes Ofenblech und werden im heißen Ofen 15 - 20 Minuten gebacken. Heiß aus dem Ofen , mit zerlassener Butter servieren!

KARIBISCHER RAUM

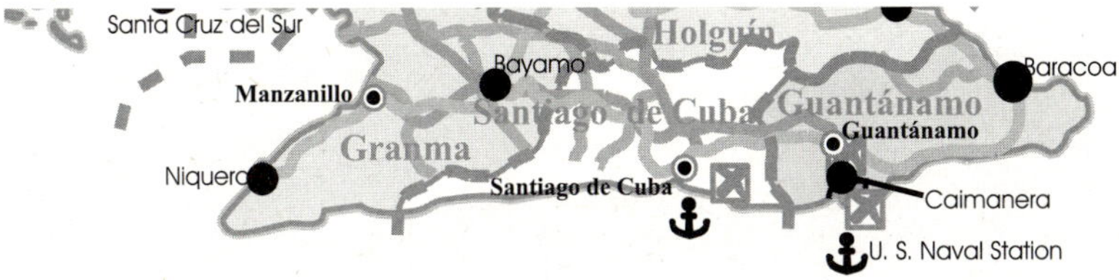

1983
Karibik

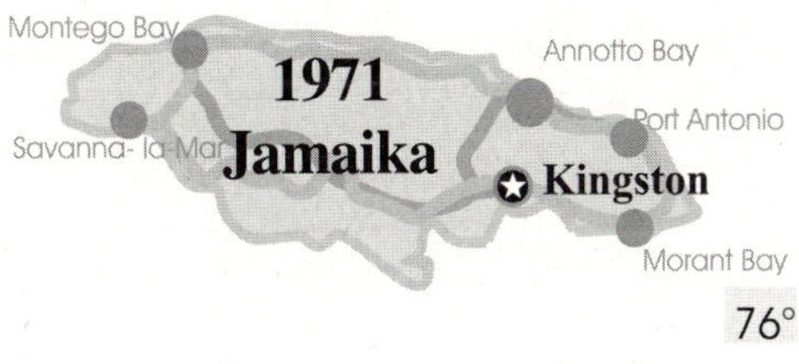

1971
Jamaika

1996
Haiti

KARIBIK
JAMAICA UND HAITI

1971 West: Veränderte Menschen verändern die Welt
Ost: Gottes Volk für unsere Zeit
WGT-Frauen aus Jamaika

1983 Neu werden in Christus - als neue Menschen leben
WGT-Frauen aus der Karibik

1996 Von Gott zur Antwort gerufen
WGT-Frauen aus Haiti

So bunt wie die Völkervielfalt der Karibik ist auch die karibische Küche: europäische und afrikanische Einflüsse finden sich ebenso wie indische und nordamerikanische.
Maniok und Yamswurzeln, Mais und Kochbananen werden angebaut und zu Gerichten in der Küche der Armen verwertet. Zuckerrohr und Rum waren für die Tische der Reichen gedacht, auch in Europa.
Haitis Küche hat starke afrikanische Einflüsse, die jamaikanische Küche ebenfalls, vermischt mit englischen und spanischen Einflüssen.
Die ausgesuchten Rezepte lassen sich auch hier bei uns gut nachkochen; dabei geht allerdings etwas von der bunten Vielfalt der exotischen Gemüse und Obstsorten verloren, die die karibische Küche auszeichnet.
Dennoch: Guten Appetit!

Reis und Bohnen als Hauptmahlzeit in Haiti

1 Tasse getrocknete rote Bohnen
3 Tassen Wasser
2 mittelgroße Zwiebeln
1 Tasse ungekochter Reis
1 Teelöffel Salz
½ Teelöffel Pfeffer

Bohnen bei mittlerer Hitze etwa 1 Stunde zugedeckt kochen lassen. Wasser hinzufügen, falls notwendig. Zwiebeln schälen, fein hacken und in etwas Fett anrösten. Die Bohnen mit dem Wasser in die Zwiebelpfanne schütten und alles gut vermischen. Reis, Salz und Pfeffer zu den Bohnen hinzufügen, gut verrühren und die ganze Masse so lange bei kleiner Hitze köcheln lassen, bis der Reis gar ist. Das Wasser sollte ganz eingekocht sein. Falls kein Wasser mehr in der Pfanne ist, bevor der Reis weich ist, kann man vorsichtig etwas heißes Wasser hinzugeben.

Sauce Ti-Malice

aus Chillies, Zwiebeln und Limonensaft

Für etwa ¼ Liter
225 g feingehackte Zwiebeln
¼ Tasse frischer Limonensaft; ersatzweise Zitronensaft
30 g Butter
2 TL feingehackte, frische scharfe Chillies
1 TL feingehackter Knoblauch
2 TL Salz

Die Zwiebeln in eine kleine Schüssel geben, den Limonen- oder Zitronensaft dazurühren und bei Zimmertemperatur mindestens 30 Minuten stehen lassen. Danach die Zwiebeln über einer Schüssel in ein feines Sieb gießen und mit einer Gabel hin- und herbewegen, damit möglichst viel Marinade abtropft. Die Marinade beiseite stellen. Die Butter in einer schweren Pfanne von 20 - 25 cm Durchmesser über Mittelhitze zerlassen. Wenn das Fett nicht mehr schäumt, die Zwiebeln einlegen und 5 Minuten häufig rühren, bis sie weich und glasig, aber nicht braun sind. Sorgfältig darauf achten, daß sie an keiner Stelle dunkel werden, und die Temperatur entsprechend regulieren. Die gehackten Chillies und den Knoblauch hineinrühren und bei fest verschlossener Pfanne und niedriger Temperatur etwa 10 Minuten garen, bis die Chillies weich sind. Vom Herd nehmen, die beiseite gestellte Marinade hineinrühren und salzen. Vor dem Gebrauch auf Zimmertemperatur abkühlen lassen. Fest verschlossen bleibt Sauce Ti-Malice im Kühlschrank 5 - 7 Tage frisch.

Banane Pèsè

zweimal gebratene Gemüsebananen-Scheiben

1/8 l Pflanzenöl
2 mittelgroße grüne Gemüsebananen,
geschält (unten) und
quer in 1 cm dicke Scheiben geschnitten

Das Öl in einer schweren Pfanne von 30 cm Durchmesser über mittlerer Temperatur erhitzen, bis es leicht raucht. So viele Gemüsebananenscheiben in die Pfanne legen, daß der Boden gerade bedeckt ist, und etwa 2 Minuten auf jeder Seite braten. Wenn sie fertig sind, gibt man sie zum Abtropfen auf Küchenkrepp. Dann drückt man jedes einzelne Scheibchen mit einem breiten soliden Spachtel zu einem Kreis von ½ cm Dicke und 5 cm Durchmesser auseinander. Das Öl wieder erhitzen und die Scheiben noch einmal ungefähr 1 Minute auf jeder Seite braten. Auf Küchenkrepp abtropfen lassen und sofort servieren. Traditionsgemäß wird **Banane Pèsè** als Beilage zu geschmortem Schweinefilet gereicht.

Asopao

Hähncheneintopf mit Reis

1 TL grobgehackter Knoblauch
1/2 TL Oregano
1 TL Salz
1 1/2 kg Brathähnchen für 8 portioniert
50 gr. Schmalz
1/2 Tasse feingehackte Zwiebeln
3/4 Tasse feingehackte grüne Paprika
60 gr. magerer gewürfelter Schinken
500 gr. entkernt, geschälte Tomaten, kleingehackt
400 gr. ungekochter weißer Langkornreis
1 1/2 l Hühnerbrühe
schwarzer Pfeffer, frisch gemahlen
300 gr. grüne Erbsen
1/2 Tasse geriebener Parmesankäse
4 EL kleine Oliven
1 EL Kapern
1 Pimientoschote, kleingeschnitten

Knoblauch, Oregano und Salz zu einer glatten Paste zerdrücken. Die Hähnchenstücke waschen, abtrocknen und mit dieser Paste einreiben. Das Schmalz erhitzen, mit der Hautseite nach unten das Hähnchen darin anbraten. Die gebratenen Stücke auf einen Teller legen, Zwiebeln und grüne Paprikaschoten in das in der Kasserolle verbliebene Fett geben und etwa 5 Minuten häufig rühren, bis sie weich, aber nicht braun sind. Den Schinken und dann die Tomaten hineinrühren und kräftig kochen, bis die meiste Flüssigkeit aus dem Topf verdampft und die Mischung dick ist. Die Hähnchenteile wieder in die Kasserolle geben und in der Tomatenmischung wenden, auf niedrige Temperatur schalten, den Deckel auflegen und ca. 30 Minuten sanft schmoren. Die Hähnchenteile auf einen Teller legen und von Knochen lösen und in kleinere Stücke schneiden.
Währenddessen werden der Reis, die Brühe und etwas Pfeffer in die Tomatenmischung gegeben und bei starker Hitze zum Kochen gebracht. Dann ca. 20 Minuten bei niedriger Temperatur ziehen lassen. Die Erbsen, den Käse, die Oliven und Kapern unterziehen, dann das Hähnchenfleisch und die Oberfläche mit Pimientostreifen belegen.

CALLALOU

Grüne Suppe

250 gr. Callalou oder Spinatblätter
1 kleine, gehackte Zwiebel
2 gehackte Knoblauchzehen
Butter
1 1/2 l Hühnerbrühe
250 gr. frische Krabben
Pfeffer - Salz

Die Spinatblätter gut waschen und kleinschneiden. Die Zwiebel und die Knoblauchzehen in der Butter dünsten, bis die Zwiebel glasig ist. Die Spinatblätter hinzugeben und etwa 5 Minuten dünsten. Mit der Hühnerbrühe ablöschen.
Alles zum Kochen bringen, dann auf schwacher Flamme weiter köcheln lassen. Die Krabben hinzufügen und mit Pfeffer und Salz abschmecken. Weitere 5 Minuten ziehen lassen.

JAMAICA CHICKEN

Mariniertes Hähnchen á la Jamaika

1 Brathähnchen
1 rote Paprikaschote
2 Tomaten
1 Zwiebel
2 Knoblauchzehen
1 l Weinessig
3 EL Olivenöl
1 kleine Dose Tomatenpüree
10 gefüllte Oliven
Pfeffer - Salz

Das Hähnchen in vier Teile schneiden, säubern, waschen und trocknen. Die Paprikaschote waschen und in Streifen schneiden. Die Tomaten vierteln, die Zwiebeln in Würfel schneiden, und die Knoblauchzehen auspressen. Alles zusammen in eine Schüssel geben, mit Pfeffer und Salz bestreuen und mit dem Essig begießen. 2 Stunden marinieren. Das Olivenöl erhitzen. Das Brathähnchen aus der Marinade nehmen, abtrocknen und im Olivenöl anbraten. Die Hälfte der Marinade zugießen und mit dem Tomatenpüree vermischen. Die Oliven zugeben, und alles etwa 30 MInuten bei mittlerer Hitze kochen.

KREOLISCHES HÄHNCHEN

1,8 kg Hähnchen
2 Knoblauchzehen zerdrückt
70 gr. Oregano
1 TL Salz
1/2 TL Pfeffer
2 TL Worcestersauce
10 gr. Zitronensaft
1-2 Zwiebeln geschnitten
1 Lorbeerblatt
2 TL frisch geschnittene Peter silie
1 TL Koriander
2 Pimentkörner

werden 2- 3 Stunden zusammen mariniert, danach wird das Hähnchen in Öl angebraten, die Brühe durchsiebt und über das Hähnchen gegossen, mit Tomatenpüree vermischt.

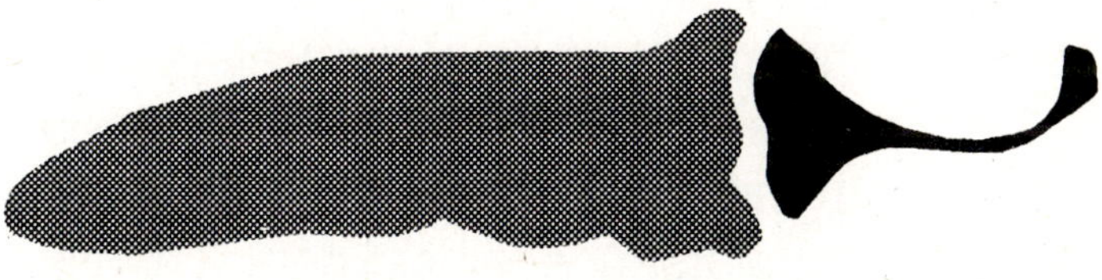

TUNA SALAD

Thunfischsalat

2 Dosen Thunfisch in Wasser
250 gr. Champignons
6 Stangen Sellerie
2 Knoblauchzehen
1 Bd. Petersilie
1 Tasse Mayonnaise
2 TL Zitronensaft
frisch gemahlener schwarzer Pfeffer
1 TL Salz

Den Thunfisch gut abtropfen lassen, dann mit einer Gabel zerpflücken und in eine Schüssel geben.
Die Champignons putzen, waschen, in dünne Scheiben schneiden und dem Thunfisch zufügen. Die Selleriestangen gründlich waschen, eventuell äußere Fasern entfernen, in kleine Würfel schneiden und auch in die Schüssel geben.
Für die Salatsauce die asugepreßte Knoblauchzehe mit der gehackten Petersilie und der Mayonnaise mischen. Den Zitronensaft zugeben und mit dem Pfeffer und dem Salz würzen. Die Salatsauce über den Thunfisch geben, alles gut vermischen und etwa 1 Stunde ziehen lassen.

CHRISTMAS HAM

Weihnachtsschinken

1 ganzer gekochter Schinken
Gewürznelken
Bier
Muskatnuß

Den Schinken kreuz und quer in einem Abstand von etwa 2 cm einschneiden. In jede Schnittstelle eine Gewürznelke stecken. Den Schinken in den auf 180 grad vorgeheizten Backofen schieben und 2 - 2 1/2 Stunden braten. Gelegentlich mit etwas Bier übergießen. Wenn der Schinken gar ist, mit frisch gemahlener Muskatnuß bestreuen.
Warm oder kalt servieren

Varianten

Das Bier kann ersetzt werden durch:

- Honig

- eine Sauce aus 1/4 l Ananassaft und 2 TL scharfem Senf

- durch 2 EL braunen Zucker, der in 1 Glas Bier aufgekocht wurde.

Der Schinken hält sich gut verpackt im Kühlschrank etwa 1 Monat.

KREOLISCHE TORTE

125 gr. geraspelte
Kokosnuß
125 gr. roter Zucker
50 gr. Mehl
50 gr. Butter
2 Eier
Zimt und eine
Messerspitze Hefe

Das Eiweiß beiseite stellen, Eigelb mit Zucker schlagen, Kokosnuß und Mehl zugeben, anschließend geschmolzene Butter, Zimt und Hefe
und zuletzt das geschlagene Eiweiß. In einen tiefen, mit Butter bestrichenen Topf geben und im Ofen backen.

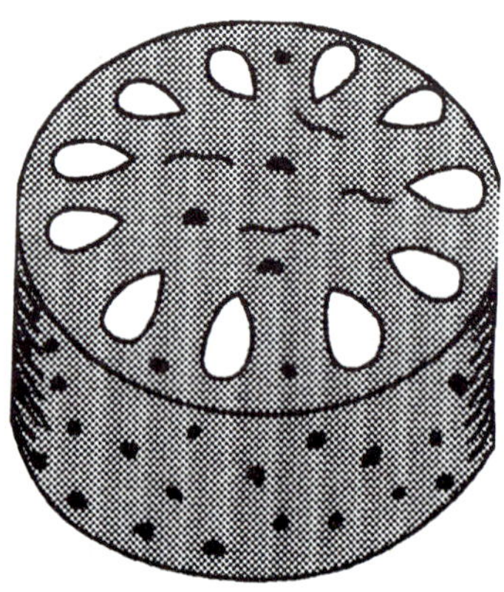

CORN PONE

Maismehlkuchen

250 gr. weiche Butter
300 gr. gelbes Maismehl
300 gr. Weizenmehl
225 gr. Zucker
1/2 TL Vanilleextrakt
1/4 TL frisch geriebener Muskat
1 Prise Salz
6 Eier, leicht verschlagen
1/4 l Milch
2 EL weißer Rum

Den Backofen auf 175 Grad vorheizen. Mit einem Backpinsel Boden und Innenwand einer Springform von 20 cm Durchmesser mit 15 gr. Butter bestreichen.
Maismehl und Mehl zusammen sieben. 250 gr. Butter, den Zucker und 2 EL der Maismehlmischung in einer Schüssel schaumig rühren und mit einem großen Löffel gegen die Schüsselwand schlagen, bis sie locker und flockig sind. Vanilleextrakt, Muskat und Salz hinzugeben und unter fortgesetztem Schlagen die Eier als dünnen Strahl dazugießen. 1 Tasse der Maismehlmischung hineinrühren, darauf 4 L Milch und so fortfahren, bis Maismehl und Milch aufgebraucht sind. Rum unterziehen und den Teig in die vorbereitete Form füllen.
In der Mitte des Ofens ca 1 1/2 Stunden lang backen, bis die Oberfläche goldbraun ist.

PINA COLADA

15 cl Ananassaft
12 cl weißer Rum
6 cl Kokosnußsirup
6 cl frischer Limetten - oder Zitronensaft
3 Eiswürfel

Alles zusammen in einen Mixbecher geben und kräftig schütteln und in zwei Gläser füllen.

CARIBBEAN COCKTAIL

1/ 8 l Ananassaft aus der Dose
6 cl mittelbrauner Rum
1 EL durchgesiebter frischer Limetten - oder Zitronensaft
1/2 TL Angostura
1 Tasse geschabtes Eis
extrafeiner Zucker
Club - Soda
frisch geriebene Muskatnuß

Ananassaft, Rum Limettensaft, Angostura und Eis in einen Mixbecher geben und kräftig schütteln. Nach Belieben Zucker dazugeben. Den Cocktail in zwei Gläser füllen und bis zum Rand mit Club Soda auffüllen, mit etwas Muskatnuß bestäuben.

LATEINAMERIKA

LATEINAMERIKA

1955 Bleibet in mir
Jorgelina Lozada, Argentinien

1962 Also hat Gott die Welt geliebt
Violeta Cavallero, Uruguay

1976 Am Leben lernen
WGT-Frauen aus Mexiko

1988 Offene Türen
WGT-Frauen aus Brasilien

1993 Als Gottes Volk Heilung bringen
WGT-Frauen aus Guatemala

1999 Gottes zärtliche Berührung
WGT-Frauen aus Venezuela

MEXIKO

Tacos - Salsa - Tamales. Mexikanische Restaurants werden in Deutschland immer beliebter. Selbst viele Chipsfirmen und Fast-Food-Ketten stellen sich auf den „scharfen“ Geschmack ein.
Meine erste Begegnung mit Mexiko war ein Gottesdienst im Advent mit mexikanischen Weihnachtsbräuchen. Wir machten eine Reihe über Weihnachtsbräuche in aller Welt und die Erzieherinnen unseres Kindergartens hatten sich Mexiko aus einem Adventkalender herausgesucht, weil die Weihnachtsbräuche auch kleineren Kindern gut erklärbar waren und wir im Gottesdienst viel machen konnten.
Ein Film über Allerheiligenbräuche in Mexiko, über den Umgang mit dem Tod und den Toten, ist das Zweite, das mir in lebhafter Erinnerung geblieben ist.
Von diesen beiden Erinnerungen und Erfahrungen kommen auch die Rezepte, die wir damals in dem Adventkalender fanden. Den Kalender gibt es schon lange nicht mehr, die Rezepte blieben in meiner Schublade. Nicht das Übliche aus den Mexiko-Restaurants, aber ich denke auch sehr typisch, und an zwei Stellen sehr weihnachtlich: Feliz navidad.

PAN DE MUERTO

Allerheiligen - Brot

500 gr. Mehl
15 gr. Hefe
100 gr. Zucker
1/4 TL Salz
3 Eier
7 Eigelb
100 gr. Butter
1 EL geriebene Apfelsinenschale
1 EL Apfelsinenblütenwasser
2 EL Aniswasser
1 Tasse grobkörniger Zucker
Schweineschmalz

Die Hefe in einer halben Tasse warmen Wasser auflösen und genügend Mehl zugeben, um einen Teig zu bilden. Eine Kugel formen und an einem warmen Ort gehen lassen.
Das Mehl, den Zucker und das Salz vermengen. In der Mitte eine Vertiefung bilden und 2 Eier, das Eigelb und die Butter hineingeben. Alles zu einem Teig kneten. Die Apfelsinenschale, das Apfelsinenblütenwasser und das Aniswasser zugeben. Zum Schluß die Hefe hinzunehmen und alles gut durchkneten, bis der Teig homogen ist. An einem warmen Ort zur Seite stellen und 4- 5 Stunden auf das doppelte Volumen gehen lassen.
Den Teig nochmals durchkneten. Etwas Teig zur Seite stellen. Aus dem Rest kleine Brote in der gewünschten Größe formen. Aus dem zur Seite gestellten Teig Tränen und Knochen formen.
1 Ei gut schlagen. Damit die Tränen und Knochen auf den Broten befestigen und die Brote ganz damit bestreichen. Mit grobkörnigem Zucker bestreuen.
Die Brote auf ein mit Schweineschmalz gefettetes Backblech geben und 30 - 40 Minuten bei 125 grad backen.

MEXIKANISCHE KÜRBISSUPPE

gehackte Zwiebeln
Hühnerbrühe
Salz - Pfeffer - Muskatblüte - Koriander - Schnittlauch
2 EL gekochter Kürbisbrei
4 rohe, geschälte, gestampfte Tomaten

Die Zwiebeln in Schweineschmalz dünsten, mit Brühe auffüllen, salzen und würzen. Den Kürbisbrei dazugeben. Wenn die Suppe aufgekocht hat, wenn möglich noch mit etwas frischer Sahne oder Milch abschmecken Tomaten und Schnittlauch kurz vor dem Servieren hinzugeben. Vorsichtig noch einmal erhitzen.

SOPA DE AGUACATE

AVOCADO - SUPPE

6 mittelgroße Avocados
1 1/2 l Hühnerbrühe
1/2 Tasse Schmand
2 Eigelb
Pfeffer - Salz

Die Avocados, die weich sein müssen, schälen und zusammen mit dem Eigelb und etwas Hühnerbrühe im Mixer pürieren. Mit Salz und Pfeffer abschmecken. In eine Suppenschüssel geben und mit dem Schmand verrühren. Kurz vor dem Servieren die heiße Hühnerbrühe dazugeben und umrühren. Eventuell nochmals würzen.

SOPA de ELOTE

Maissuppe

4 frische Maiskolben
3 Tassen Milch
3 Tassen Hühnerbrühe
1/2 kleingehackte Zwiebel
2 EL Mehl
Öl -Pfeffer - Salz

Maiskolben entkörnen, im Mixer möglichst feinmahlen, anschließend sieben. Zwiebeln in etwas Öl anbraten, bis sie glasig werden, dann Mehl hinzugeben, bis alles goldbraun ist. Den Mais, die Milch und die Brühe zugeben und rühren , bis die Suppe kocht.. 15 Minuten lang kochen lassen. Pfeffern und Salzen.

POLLO CON NARANJAS

Huhn mit Apfelsinen (6 Personen)

2 Hühner
6 Apfelsinen (Saft)
1/4 TL Zimt
1/4 TL gemahlene Nelken
4 gehackte Knoblauchzehen
1 kleingehackte Zwiebel
2 EL Mandeln in Scheiben
1/4 Tasse Rosinen
1 EL Kapern
1/4 TL Safran
1 Tasse Hühnerbrühe
4 EL Olivenöl
Pfeffer - Salz

Zimt, Nelken, Knoblauch, Pfeffer und Salz miteinander vermengen und damit die in Stücke geschnittenen Hühner einreiben. Die Hühnerstücke in heißem Öl anbraten, bis sie goldbraun sind.
Im gleichen Öl die Zwiebel und die Mandeln anbraten; etwas Öl hinzugeben, falls es nötig ist. Beides zusammen mit den Rosinen, den Kapern, dem Safran und dem Apfelsinensaft über das Huhn geben. Soviel Hühnerbrühe hinzugeben, daß alles knapp mit Flüssigkeit bedeckt ist. Zum Kochen bringen, dann bei schwachem Feuer etwa 1 Stunde köcheln lassen, bis das Huhn weich ist.
5 Minuten vor dem Servieren den Sherry zugeben.

ARROZ con CARNE de CERDO

Reis mit Schweinefleisch

2 Tassen Langkorn - Reis
500 gr. kleingeschnittenes Schweinefleisch
1 kleine gehackte Zwiebel
2 kleingehackte Knoblauchzehen
6 gekochte, gemahlene Tomaten
4 EL gehackte Petersilie
1 Tasse gekochte Erbsen
Öl
Pfeffer - Salz

Den Reis mit warmen Wasser waschen und abtropfen lassen. Wenn er trocken ist, in Öl anbraten, zusammen mit der Zwiebeln und den Knoblauchzehen. Wenn der Reis goldbraun ist, die gemahlenen Tomaten, die Petersilie und das Fleisch zugeben. Mit Salz und Pfeffer würzen und mit Wasser ablöschen und kochen lassen, bis das Fleisch gekocht und der Reis gar ist. Die Erbsen darübergeben und noch 10 Minuten warm stehen lassen.

Tamales

450 gr. Maismehl
200 g. Schweinefett
30 gr. pulverisierte Hefe
12 frische Bananenblätter
Schweinehack
1 Prise Chili
1 Teelöffel Gewürze: Salz - Safran - Brühe

Das Schweinefleisch mit den Gewürzen in Öl anbraten - häufiger jedoch in Schweinefett.
Während des Anbratens den Maisteig zubereiten:
Das Mehl in etwa 1 Liter Wasser kochen, bis es einen dicken Brei ergibt. Abkühlen lassen. Das Schweinefett und die Hefe einkneten und salzen, mit der Teigrolle flach ausrollen.
In Portionsstücke schneiden und auf die Bananenblätter legen,mit der Fleischfüllung bestreichen. Die Stücke in die Blätter einwickeln und in einen schweren Topf oder eine Kasserolle legen, mit Brühe begießen . Zugedeckt etwa 45 Minuten dünsten, entweder im Backofen oder bei offener niedriger Flamme.

Mexikanische Buñuelos

2 Eier
2 Tassen Mehl
1/2 Tasse Aniswürze oder Zimtwürze
2 TL Zucker

Einen ziemlich festen Teig herstellen, kneten und ausrollen. 20 Minuten gehen lassen. Kleine Mengen abreißen und zwischen den Händen flach klopfen. In Öl backen und abtropfen lassen.
Mit Zimt - oder Anissirup begießen und anbieten.

Ponche de Navidad

4 Birnen
15 Guaven
1/2 Tasse Rosinen
4 Äpfel
6 Stangen Zimt
1/2 l Rotwein
nach Geschmack: Rum und Zucker

Die Früchte halbieren und in 5 l Wasser mit dem Zimt und dem Zucker kochen, bis alle Früchte gar sind. Vom Feuer nehmen, den Rotwein und den Rum zugießen und warm servieren.

Liebe Freundinnen
in Deutschland!

Zum 50. Weltgebetstag der Frauen möchte ich Euch einen herzlichen Gruß aus Mittelamerika senden.
50 Jahre Weltgebetstag, das bedeutet 50 Jahre Zusammenwachsen in Fürbitte und Solidarität unter uns Frauen. Das bedeutet, Fremdes kennenlernen, Grenzen überschreiten und Hoffnung säen.
Vor einigen Jahren hatte ich die Gelegenheit, bei der Gestaltung des Weltgebetstages zu Guatemala mitzuarbeiten. Es war für mich eine wunderschöne Erfahrung, Frauen aus ganz Deutschland kennenzulernen und ihr Engagement und ihre Zuneigung zu spüren.
In vielen Kulturen sind wir Frauen für so grundlegende Dinge wie das Essen zuständig. Deshalb finde ich die Idee sehr schön, zum Anlaß des Jubiläums ein Kochbuch herauszubringen.
Ich habe hier einige wenige Rezepte aus Guatemala zusammengetragen und hoffe, daß sie Euch die Kultur dieses wunderschönen Landes noch ein wenig näher bringen.
Mit einem herzlichen Gruß und den besten Wünschen für weitere 50 Jahre, Eure
Kirsten Katolla

San José, Costa Rica

GUACAMOL (6 Personen)
Avocadocreme

2 große, reife Avocados
1 rohe Zwiebel, gehackt
1/4 TL Oregano
1 TL Salz
1/4 TL Paprika
1 EL Essig
1 EL Olivenöl

Die Avocados werden mit einem Holzlöffel entsteint und das Fleisch wird aus der Avocado herausgeschabt. Das Avocadofleisch wird mit der Gabel zerdrückt. Nach und nach werden alle Zutaten untergerührt. Alles muß gut gemischt werden.
Guacamol sollte erst kurz vor dem Servieren angerichtet werden. Um zu vermeiden, daß die Avocadocreme schwarz wird, läßt frau die Kerne in der Creme und deckt die Creme ab. Kurz vor dem Auftragen werden die Kerne entfernt. Die Avocadocreme kann als Beilage oder als Dip serviert werden.

FRIJOLES (sprich: fricholes)

Schwarze Bohnen

(diese sind in Deutschland erhältlich. Ersatzweise kann frau auch rote Kidneybohnen oder auch Wachtelbohnen nehmen).

500 gr. Bohnen
4 große Zwiebeln - ganz
4 Knoblauchzehen
2 TL Salz
2 l Wasser

Bohnen gut säubern (häufig findet man kleine Steine in den Packungen!)! und über Nacht einweichen lassen. Damit die Bohnen für ungeübte Mägen bekömmlicher sind, sollte am nächsten Morgen das Wasser, in dem die Bohnen eingeweicht wurden, abgegossen werden.
Die Bohnen in 2 Liter Wasser zusammen mit den anderen Zutaten kochen. Kochzeit etwa 1 Stunde, in einem Drucktopf etwa eine halbe Stunde.
Die so gekochten Bohnen lassen sich mehrere Tage im Kühlschrank aufbewahren und zu verschiedenen Gerichten verarbeiten.

Variante 1: CALDO NEGRO
Schwarze Brühe

Sind die Bohnen nach obigem Rezept gekocht, können Sie nun als Vorspeise eure herzhafte schwarze Brühe servieren.
Dazu wird das Bohnenwasser abgeseiht und nochmals aufgekocht. Hinzu kommt etwas Öl, je nach Geschmack Chilipulver, Paprika und, falls es noch fehlen sollte, etwas Salz. Wenn die Brühe kocht, wird ein Ei aufgeschlagen und im Bohnensud gegart (ein Ei pro Person).
Zum Servieren wird das Ganze mit Petersilie bestreut.

Variante 2: Frijoles volteados
Bohnenmus

Hierfür werden die nach Rezept gekochten Bohnen mit etwas Brühe püriert. In einer Pfanne etwas Öl erhitzen. Darin Zwiebeln und Knoblauch, je nach Geschmack, anbraten.
Den Bohnenmus hinzugeben und auf kleiner Flamme längere Zeit köcheln lassen, damit die Flüssigkeit verdampfen kann.
Frijoles volteados sind recht trocken und können als Dip zusammen mit Tortilla - oder Kartoffelchips serviert werden.

VARIANTE 3: Sopa de frijoles
Herzhafte Bohnensuppe

Bohnen nach obigem Rezept gegart
1-2 Zwiebeln,
Knoblauch - nach Geschmack
1 rote Paprika
1 grüne Paprika
2 Tomaten
2 Möhren

und je nach Jahreszeit Gemüse, das sich in einer herzhaften Suppe verarbeiten läßt, z.B. Lauch, ev. Weißkohl.

In einer Pfanne etwas Öl erhitzten. Das Gemüse kleinschneiden und kurz anbraten bzw. andünsten. Wenn es gegart ist, der Bohnensuppe dazugeben. Die Bohnensuppe abschmecken und eventuell nachwürzen, so z. B. mit Chilipulver.
Mit einer Dose Tomatenmark kann der Suppe eine etwas andere Geschmacksrichtung verliehen werden. Zum Schluß die Suppe mit Petersilie garnieren.
Der Suppe kann auch gekochtes Suppen-Fleisch hinzugegeben werden.

Variante 4: Chili con carne

Gemüse wie bei Variante 3,
alles kleingehackt, dazu noch
1 Dose Maiskörner
500 gr. Hackfleisch
Chilipulver

In einer Pfanne Öl erhitzen und das Hackfleisch darin anbraten. Das Gemüse und die Maiskörner hinzugeben, kurz andünsten und in die gegarten Bohnen geben. Auch hier kann eine Soße Tomatenmark hinzugegeben werden.
Das Chili con carne abschmecken, Chilipulver oder auch Chilisauce nach Bedarf hinzufügen. Etwas saure Sahne rundet das ganze Gericht ab.

BUÑUELOS DE QUESO

Käseknödel

2 Tassen geriebenen Hartkäse
2 Tassen Mehl
1 TL Salz
4 TL Backpulver
4 Eier
2 Tassen Milch

Die vier Eier werden getrennt und das Eiweiß steif geschlagen. Dazu kommen das Eigelb, die Milch, das Mehl und der Käse. Alles wird gut verrührt.
In einem Topf oder einer heißen Pfanne Öl oder Palmin erhitzen. Den Teig löffelweise in das Fett hineingeben. Die Knödel werden heiß serviert und mit etwas geriebenem Käse bestreut.

PASTEL DE ZANAHORIA

Möhrenkuchen

1 Tasse Mehl
2 TL Backpulver
1 TL Zimt
1/2 TL Salz
2/3 Tasse Öl
1 Tasse Zucker
2 Eier
1/2 Tasse gehackte Nüsse
1 1/2 Tassen feingeriebene Mohrrüben

Sämtliche Zutaten werden 5 Minuten lang mit dem Handrührgerät zusammengerührt.
Die Mischung kommt in eine gefettete und mit Mehl bestreute Backform. Der Kuchen wir bei 180 Grad 50 Minuten lang gebacken.

Bei der Zusammenstellung dieser Kochrezepte haben mitgewirkt:

Ana Cecilia Montero

Don Roque

Gaby Albert

San Jose, den '9. 12. 1997

Kirsten Katolla

Hallo Schwestern des WGT

Danke für die Idee mit dem Rezeptbuch!
Dies ist wieder ein Band, eine Schnur,
die uns weltweit verbindet,
aber nicht abschnürt.
Hände, die uns begleiten durch gemeinsames Tun,
aber nicht zwingen.
Ideen werden weitergegeben,
Neues wird hervorgerufen durch dich in mir,
meine Schwester, und umgekehrt.
Ich denke mir, kochen und backen bereitet Freude.
Freude, die wir weitergeben, kehrt ins eigene
Herz zurück und so ist das einerseits auch
„Sanfte Berührung Gottes".
Alle Menschen, die Berührungen zulassen,
werden auch befähigt, sie weiterzugeben.

Guten Appetit1

Wir vom Kommitée in Venezuela freuen uns,
dass unsere Vorbereitung mit dem 50 - jährigen
Jubiläum des WDP in Deutschland zusammenfällt,
wieder etwas Verbindendes.

Caracas, im Juni 1998 Gudrun Harms

"Koinonía" Granola

Koinonía bedeutet Gemeinschaft.

Dieses Rezept ist sehr ergiebig und eignet sich deshalb zum Teilen mit anderen. Wir bereiten es oft auf Frauentreffen.
Besonders gut schmeckt es mit Milch, Joghurt, Eis und Früchten.

200 gr. Margarine
½ Tasse Öl
¾ Tasse Zucker
2 Löffel Melasse oder Sirup
½ Teel. Salz
1 Tasse Honig
1 Essl. Zimt
1 Essl. Vanille

in einem grossen Topf zerlassen.
Etwas erkalten lassen und dann folgende Zutaten hinzufügen:

1 ½ Tassen Haferflocken
½ Tasse Sesam
1 Tasse gehackte Nüsse (Erdnuss, Merey, Mandeln, etc.)
1 Tasse Trockenfrüchte (Apfel, Pfirsich, Feigen, Birnen, etc)
1 Tasse Weizenkeime
1 Tasse Kokosflocken
1 Tasse Milchpulver
1-2 Tassen Getreide (Müsli oder Kornflocken etc.)

Alles in eine gut gefettete Kuchenform oder auf ein gefettetes Blech geben und bei 300° 25 Minuten backen.
Alle 7-10 Minuten umwenden.
Wenn es aus dem Ofen kommt, nach Wunsch eine Tasse Rosinen untermischen.

Guten Appetit.

"Caraotas Negras" (schwarze Bohnen)

1 kg kleine schwarze Bohnen

Die Bohnen waschen und über Nacht einweichen. Am nächsten Tag mit einem Teelöffel Kümmel und einer Messerspitze Backsoda kochen bis die Bohnen weich sind,

dazu schmoren:

2-3 Paprika
2 Zwiebeln
2 Brühwürfel
2 Knoblauchzehen, zerdrückt

und an die schwarzen Bohnen geben.

"Gebratene Kochbananen"

½ Kochbanane pro Person.

Die gut reifen Kochbananen in Scheiben schneiden und in Öl braten.

"Weisser geriebener Käse"

Je nach Geschmack reibt man beim Servieren weissen Käse (hart) über sein Gericht auf dem Teller.

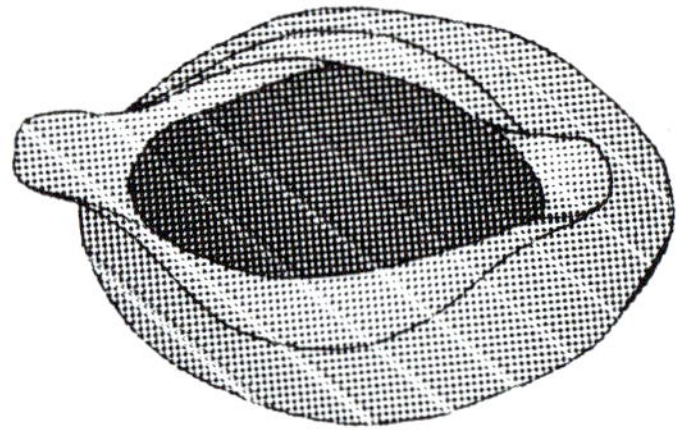

"Kürbissuppe"

Für 4 Personen.

½ reifer Kürbis
1 Porree
1 Kartoffel
½ Tasse Sourcreme
1 Brühwürfel
weisser Káse, zum Reiben

Porree und Kartoffel anschmoren. Den Kürbis schälen und kleinschneiden und mit dem Brühwürfel zufügen und weich kochen. Im Mixer mit der Sourcreme cremig rühren. Mit dem geriebenen weissen Käse bestreuen.

"Quesillo" (Nachtisch)

Für 8 Personen.

2 Eier
1 Dose gezuckerte Kondensmilch
Milch (gleiche Menge wie Kondensmilch)
1 Teel. Vanilleessenz oder Vanillezucker
5 Teel. Zucker

Aus dem Zucker auf kleiner Flamme Caramel kochen und in eine Puddingschüssel geben.
Alle andere Zutaten im Mixer mixen, auf den Caramel in die Puddingschüssel giessen und ca. eine Stunde im Wasserbad auf kleiner Flamme kochen.

"Pabellon" ist das Nationalgericht Venezuelas.
Es besteht aus weissem Reis,
gezupftem Fleisch,
gebratenen Kochbananen,
schwarzen Bohnen und
geriebenem weissen Käse.

Für 10 - 12 Personen.

"Weisser Reis"

1 kg Reis mit etwas Salz und ein wenig Öl kochen. Auf eine Tasse Reis zwei Tassen Wasser nehmen. Wenn der Reis kocht, Feuer abstellen und zugedeckt quellen lassen.

"Carne Mechada" (gezupftes Bauchfleisch)

1 kg Rindfleisch (Bauchlappen)
1/4 l Öl
3 grosse Zwiebeln
2-3 Knoblauchzehen (zerdrückt, oder 1 Teel. Knoblauchpulver)
4 grossse Paprika (2 rote und 2 grüne, klein gewürfelt)
4 Tomaten (klein gewürfelt)

Fleisch weich kochen und erkalten lassen, klein zupfen.Zwiebeln, Knoblauch, Paprika und Tomaten langsam in Öl schmoren, Fleisch zugeben und eine halbe Stunde schmoren lassen. Mit Salz und Brühwürfel abschmecken.

"Venezolanische Brownies"

4 Eier
2 Tassen Zucker
2/3 Tasse Margarine
120 gr. bittere Schokolade oder
½ Tasse geriebene Schokolade oder
½ Tasse Kakaopulver
½ Löffel Vanille
2 Tassen Weizenmehl
1 Messerspitze Salz
2 Teel. Backpulver
1 Tasse gemahlene Nüsse oder Mandeln

Die Eier mit dem Zucker mit dem Handrührer schaumig schlagen.
Die dabei entstandene Creme mit der Schokolade mischen, dann die restlichen Zutaten hinzufügen und alles gut verrühren.
Auf ein gefettetes Blech geben und bei 350° 25 Minuten backen.
Noch heiss in kleine Stücke schneiden.

CEVICHE

1 kg Fischfilet
Saft von 12 Limetten (Zitronen)
500 gr. rote Zwiebeln
3 Knoblauchzehen
4 Peperonischoten
6 Kartoffeln
3 Maiskolben
Koriander
Salz - Pfeffer
Kopfsalat

Fisch in kleine Würfel schneiden, gründlich in Salzwasser waschen, abtropfen lassen, trockentupfen und in eine Auflaufform legen.
Zwiebeln in dünne Ringe schneiden, Knoblauchzehen zerdrücken, Peperoni fein hacken. Zusammen mit den Gewürzen und dem Limettensaft zum Fisch geben, gut durchmischen.
Ceviche 45 Minuten durchziehen lassen, dabei „gart" der Fisch. In der Zwischenzeit Kartoffeln und Mais getrennt in Salzwasser kochen.
Teller mit Salatblättern belegen und Ceviche darauf verteilen. Jeweils eine Kartoffel und einen halben Maiskolben dazulegen.

KARTOFFELN in ZWIEBEL-TOMATEN - SAUCE

1 kg neue, kleine Kartoffeln
3 Zwiebeln
1 kleine Dose Pizzatomaten
1 Knoblauchzehe
Kräuter nach Wahl
Hartkäse nach Geschmack

Die Kartoffeln mit der Schale in reichlich Salzwasser kochen. Gut abtropfen lassen, in eine feuerfeste Form geben und warmstellen.
Die Zwiebeln würfeln. Knoblauch in dünne Scheiben schneiden. Die Tomaten in Stücke schneiden.
Öl in einer Pfanne erhitzen und die Zwiebeln darin dünsten, bis sie weich sind. Knoblauch und Tomaten zugeben und etwa 10 Minuten köcheln lassen.
Die Sauce mit Kräutern würzen und über die ungeschälten Kartoffeln gießen.
Mit Käse belegen und im Ofen überbacken.

GEFÜLLTE AVOCADOS

2 vollreife Avocados
1/2 reife Banane
Saft einer Zitrone
400 gr. Geflügelfleisch nach Wahl
grüner Blattsalat
5 EL Mayonnaise
1 Schuß Sahne
Pfeffer und Salz
Paprika und Zucker

Die Avocados halbieren, den Stein herausnehmen und das Fruchtfleisch vorsichtig und in löffelgroßen Portionen herauslösen. Die ausgehöhlten Schalen aufbewahren.
Die Bananenhälfte in dünne Scheiben schneiden. Mit etwas Zitronensaft übergießen.
Das Geflügelfleisch gar kochen und in kleine Stücke schneiden.
Die Mayonnaise mit Sahne, Zucker und den Gewürzen mischen und mit Avocadostücken, Banane und dem Fleisch zusammengeben. Einige Salatblätter kleinzupfen und untermischen.
Alles zusammen in die Avocadohälften füllen und gekühlt servieren.

QUINOA - AUFLAUF

1 Tasse Quinoa-Körner
1 kleine Tasse Milch
1 EL Butter
200 gr. Hackfleisch
1 Zwiebel
2 Tomaten
1 rote Paprikaschote
1 Knoblauchzehe
Paprika - Pfeffer - Salz - Öl
1 Kelle Fleischbrühe
1 rohes und 1 gekochtes Ei
200 gr. Frischkäse
frische, gehackte Kräuter

Quinoa gründlich waschen und mit den Händen reiben. Überschüssiges Wasser abgießen. Knapp bedeckt in heißem Wasser kochen, bis die Körner aufplatzen. Stampfen und mit Butter und Milch mischen, salzen und beiseite stellen.

Hackfleisch in Öl anbraten, geriebene Zwiebel hinzufügen, Kräuter, Pfeffer, gehackten Knoblauch, Paprika, enthäutete und gewürfelte Tomaten und die Brühe zugeben. Das Ganze salzen und kochen, bis die Flüssigkeit verkocht ist.

Eine Auflaufform einfetten und die Hälfte der Quinoa hineingeben, die Füllung darauf verteilen. Dann mit Käse und Eischeiben belegen und mit der anderen Hälfte der Quinoa-Masse abdecken. Das andere Ei verquirlen und über den Auflauf gießen.

Im Ofen etwa 20 Minuten überbacken.

FEURIGE BOHNEN mit SALZFLEISCH

500 gr. Bohnenkerne nach Wahl
500 gr. Kassler
2 große Zwiebeln
3 Knoblauchzehen
1 mittlere Dose Tomatenmark
Salz - Pfeffer - Chilipulver - Oregano
Tabasco nach Geschmack

Die Bohnen über Nacht einweichen. Im Einweichwasser gar kochen. Abgießen, Kochbrühe dabei auffangen.
Fleisch und Zwiebeln würfeln, Knoblauchzehen in feine Scheiben schneiden. Fleischwürfel in einer Pfanne scharf anbraten. Wenn sie knusprig sind, Zwiebeln und Knoblauch zugeben. Zwiebeln glasig dünsten. Dann Tomatenmark und die Gewürze zugeben, etwas Wasser angießen und durchrühren; alles 15 Minuten auf kleiner Flamme kochen.
Die Bohnen und etwa 250 ml Kochbrühe unter das Fleisch mischen. Bei geschlossenem Deckel etwa eine Stunde köcheln lassen.
Dazu passen Reis oder Kartoffeln.

SCHWARZER BOHNENTOPF

1Tasse schwarze Bohnen (Kidneybohnen)
3 Tassen Waser
500 gr. Gemüse gemischt (Kohl , Möhren , Kartoffeln, Tomaten z. B.)
250 gr. Rindgehacktes
100 gr. geräucherter Speck
1 Knoblauchzehe
1 kleine Zwiebel
1 Paprika
1 Lorbeerblatt
1 Schuß Tabasco
etwas Tomatenmark
Pfeffer - Salz

Die Bohnen über Nacht im Wasser einweichen. Einweichwasser abgießen, in frischem Wasser kochen, bis sie weich sind.
Das Gemüse würfeln und in einem zweiten Topf kochen, bis es gar ist.
Den Speck ebenfalls in Würfel schneiden. Die Zwiebel möglichst fein hacken und den Knoblauch zerdrücken.
Hackfleisch, Speck, Knoblauch und Zwiebeln in einer Pfanne kräftig anbraten. Die restlichen Gewürze dazugeben.
Zum Schluß Gemüse, Fleisch und Bohnen zusammenmischen und knapp eine halbe Stunde lang weiterköcheln lassen.
Der Bohnentopf schmeckt gut zu Reis,

BRASILIEN

Türen in allen Variationen wurden uns bei der Vorbereitungstagung zum Thema „Offene Türen“ angeboten. Das wäre doch auch einmal eine Idee, Türen zu fotografieren. Sehr schön geschnitzte, die noch erkennen ließen, wie sie einmal ausgesehen haben, fand ich vor allem in Siebenbürgen. Ich glaube, es waren vier Filme voll mit Türbildern, die ich im Juni 1987 mit nach Hause brachte.

Diese Bilder im Gepäck machte ich mich zu einem Akademietreffen noch einmal im Herbst des Jahres nach Siebenbürgen auf. Einen Tag in dieser Woche kamen wir hinter verschlossenen Türen im Pfarrhaus von Hammersdorf in der Nähe Hermannstadts zusammen. Solche Treffen - vor allem mit AusländerInnen - mußten vorher angekündigt und genehmigt werden, aber dazu reichte die Zeit nicht. Über offene und geschlossene Türen sprachen wir, über die vielen Menschen, die ausreisen wollten und die Türen in ihrer alten Heimat hinter sich zuschlagen wollten. Von der Resignation erzählten die Frauen und daß ihr schönes Siebenbürgen schon längst nicht mehr schön sei und sie ja auch die Ausreisewilligen verstehen könnten, aber...

Im November trafen sich die Pfarrfrauen des ganzen Bezirks dann noch einmal zur WGT- Vorbereitung. Und Helga Pitters brachte auch meine Bilder der siebenbürgischen, vor allem Hermannstädter Türen mit, die ich ihr geschenkt hatte.

„So schöne Türen, die gibt es halt nicht bei uns, sondern nur im Westen“, war die einhellige Meinung der Frauen, aber dann wurden sie von Helga Pitters in ihre Stadt geschickt mit den Bildern. Für viele eine neue Erfahrung. „Uns wurden die Augen noch einmal für das Schöne bei uns geöffnet. Für einige Frauen auf dem Sprung nach Westen sicherlich auch eine gute Erfahrung. Auch wir hier haben etwas Schönes gehabt und wenn wir uns bemühen, dann kann es auch wieder schön werden. Die Frauen gehen mit anderen Augen durch ihre Stadt “ , so ähnlich schrieb mir Frau Pitters damals. Weltgebetstag macht manchmal auch den Blick frei und die Türen offen, für das, was bei uns selbst wichtig ist.

BRASILIEN - URUGUAY -ARGENTINIEN

Kokos, Mais und Bohnen in jeder Variation, Knoblauch nicht zu vergessen, das sind die Bestandteile vieler Rezepte aus den lateinamerikanischen Staaten. Für unseren Geschmack manchmal zu feurig und zu gehaltvoll und Blähungen verursachend, aber wenn Sie die Rezepte einmal ausprobiert haben, dann werden auch einige davon sicherlich zu Dauerbrennern.

Bei der brasilianischen Küche fällt auf, daß eine Reihe von Rezepten Käse enthalten, bei Argentinien und Uruguay ist Fleisch ein fester Bestandteil der Rezepte. In den La-Plata-Staaten mit den vielen Gauchos und den großen Rinderherden sicherlich verständlich.

Ähnlich soll sie sein, die Küche dieser beiden Länder. Leider konnte ich keine Rezepte aus Uruguay bekommen, und auch Kochbücher aus aller Welt schweigen sich darüber - soweit mir bekannt - aus.

Adriane dos Santos-Maßmann, die brasilianische Verwandte einer unserer Mitarbeiterinnen steuerte die Rezepte ihrer Heimat bei.

Unsere Soester Teamerin Marianne Maas aktivierte ihre alten argentinischen Verbindungen und übersetzte so gut es ging. „Probier lieber die Rezepte noch einmal aus, bevor du sie aufschreibst. Kochen ist nicht so meine Sache“, stand sinngemäß auf ihrem Fax an mich. Das Probieren überlasse ich Ihnen, aber erfahrungsgemäß war die Übersetzung von den Rezepten her schon ganz gut. Probieren Sie es doch einmal!!!

Mais-Brote

Paes de Milho
(etwa 30 Stück)

250 gr. Weizenmehl
250 gr. Maismehl
1 TL Backpulver
65 gr. Zucker
Salz
2 Eier
65 ml heiße Milch.
Öl zum Einfetten

Die trockenen Zutaten vermischen , Eier dazugeben und zum Schluß die Milch hinzufügen. In kleine, eingefettete Förmchen füllen und bei 220 grad ca. 15 Minuten backen.

Noch heiß servieren.

BOLINHA de QUEIJO

Käsekugeln

3 Eiweiß
200 gr. Edamer / Leerdamer
150 gr. Parmesan- Käse gerieben
1 Löffel Mehl

Den Edamer reiben, alles zusammen mischen . Dann kleine Kugeln formen und in Öl fritieren.

Schokoladenbällchen

Brigadeiro (etwa 50 Stück)

1 Dose gezuckerte *
Kondensmilch
1 Ei
1 EL Butter
4 EL Instant-Kakao
zum Bestreuen: Schokoladen-streusel oder Hagelzucker

Alle Zutaten vermischen und bei schwacher Hitze unter ständigem Rühren solange kochen, bis die Masse beginnt, sich vom Topfboden zu lösen. In eine Porzellanschüssel gießen, erkalten lassen und Bällchen formen. Diese in Schokoladenstreusel oder Hagelzucker wälzen.

* gezuckerte Kondensmilch:

1/2 Milch mit 300 g. Zucker ca. 10 Minuten kochen, einen weiteren 1/2 l Milch mit 1 EL Stärkemehl und 1 Päckchen Backpulver vermischen und der heißen Milch zugeben. Unter ständigem Rühren die Milch solange weiterkochen, bis sie gelblich und eingedickt ist.

KOKETTERIE
(Quindim 20 Stück)

75 gr. Kokosflocken
8 EL heiße Milch oder Kokosmilch
50 gr. Butter
200 gr. Puderzucker
6 Eigelb
2 Eier
20 Pastetenförmchen

Kokosflocken und Milch verrühren und etwas ziehen lassen. Die weiche Butter mit dem Puderzucker schaumig rühren und nach und nach die Eigelb und die Eier zufügen. Kokosflocken und Milch dazumischen, jedoch nicht schlagen. Diese Masse in kleine Förmchen, die mit Butter eingefettet sind und mit Zucker bestäubt wurden, zu etwa 2/3 füllen. Die Förmchen auf ein tiefes Backblech setzen und dieses mit kochendem Wasser füllen, so daß die Förmchen etwa zur Hälfte im Wasser stehen. Dann im Backofen bei 180 Grad ca. 30 Minuten im Wasserbad ausbacken. Erkalten lassen und aus der Form nehmen, die Quindis sollen fest werden und eine goldbraune Farbe erhalten.

Variante
Die doppelte Menge der Zutaten nehmen und alles in eine gefettete feuerfeste Form geben. Diese Süßspeise heißt dann Quindao, also großes Quindim

SCHWARZE BOHNEN

FEIJOADA

1 Tasse schwarze Bohnen für
4 Personen
Dörrfleisch oder geräucherte
Schweinerippchen
etwas Speck
kleine Bratwürstchen
Zwiebeln - Knoblauch - Lorbeer -
Pfeffer -Salz - Majoran

Nachdem die schwarzen Bohnen verlesen und gewaschen sind, weicht man sie - am besten über Nacht - ein. Kochdauer 2-3 Stunden. Das Wasser muß immer ergänzt werden, so daß das Ganze wie eine dicke Suppe aussieht. Vorsicht: *Bohnen brennen leicht an!* Dörrfleisch oder Rippchen frühzeitig zu den Bohnen geben, damit sie weich werden, ebenso alle Gewürze bis auf die Zwiebeln. Diese werden in kleine Würfel geschnitten und mit den Speckwürfeln braun gebraten, dann wird etwas Mehl dazugegeben, das Ganze mit Wasser gelöscht und zu den Bohnen gegeben, damit die Brühe gebunden und sämig wird.
Zu den schwarzen Bohnen wird Reis gegessen und - um sie leichter verdaulich zu machen:
ORANGENSALAT
Orangen schälen, in Stücke zerteilen und mit wenig Zucker anrichten.

„Schwiegermutters Augen“

Olhos de Sogra

500 gr. Trockenpflaumen ohne Steine
250 gr. Kokosflocken
300 gr. Zucker
5 Nelken
3 Eier
etwas Stangenzimt

Den Zucker mit 6 EL Wasser zum Kochen bringen, feingemahlenen Zimt und Nelken sowie die Kokosflocken hinzufügen. Unter ständigem Rühren die zuvor verquirlten Eier hineinrühren und so lange kochen lassen, bis die Masse beginnt, sich vom Topfboden zu lösen. Erkalten lassen und die Pflaumen damit füllen.

Bohnen - Mais - Salat

Salada des Feijaoe Milho Verde für 6-8 Personen

2 Tassen gekochte weiße Bohnen
2 Tassen gekochte braune Bohnen
2 Tassen Mais aus der Dose
2 große Tomaten
1 Gurke
Salz - Pfeffer - 1 Koblauchzehe
1/2 TL Zucker
150 gr. geriebener Käse
1 großer Kopfsalat

für die Sauce:

Salz -Pfeffer etwas Paprika
1/4 TL Zucker
1/4 Tasse Zitronensaft
1/4 Tasse Öl
1 zerdrückte Knoblauchzehe
1 El. geriebene Zwiebel.

zum Garnieren:

200 gr. gekochter Schinken
150 gr. Käse in Würfeln

Mais und Bohnen abtropfen lassen und in eine tiefe Schüssel geben. Tomaten und Gurke in feine Scheiben schneiden und den Bohnen beigeben. In einem kleinen Schälchen Salz, Pfeffer, zerdrückte Knoblauchzehe, Zucker und geriebenen Käse gut vermischen. Die Gewürzmischung über die Bohnen geben und gut untermengen. Für ca. 2 Stunden in den Kühlschrank stellen. 30 Minuten vor dem Servieren aus dem Kühlschrank nehmen und auf den gewaschenen Saltblättern auf einer großen Platte anrichten. Die Sauce darüber gießen und nach Belieben mit Schinkenwürfeln und Käsewürfeln ringshreum belegen und garnieren.

CARNE DE GELADEIRA

Saures Rindfleisch

1 kg Rindfleisch
1 Lorbeerblatt
2 1/2 Gläser Essig
1 TL Salz
2 Nelken
1 Stange Zimt
3 Zwiebeln
100 gr. Oliven
Petersilie
Schnittlauch
2 Glas Olivenöl

Das Rindfleisch im Schnellkochtopf mit dem Essig, dem Lorbeerblatt, den Nelken, dem Zimt und 1 l Wasser ca. 40 Minuten kochen. Das Fleisch kalt werden lassen und anschließend in dünne Scheiben schneiden.

Die Oliven und Zwiebeln in Ringe schneiden, Petersilie und Schnittlauch klein schneiden. Das Olivenöl in eine Schale geben , die Fleischscheiben darin einlegen und mit den Zutaten bedecken. Über Nacht ziehen lassen.

BACALHAU

Kabeljau

500 gr. Kabeljau
500 gr. Kartoffeln
50 gr. Oliven
1 Bündel Petersilie
1 Bündel Koriander
2 Zwiebeln
2 Knoblauchzehen
Salz
5 EL Olivenöl

Der Fisch muß 48 Stunden im Wasser liegen, das Wasser sollte 4-6 mal am Tag gewechselt werden.
Das zuletzt gewechselte Wasser erhitzen und den Kabeljau 2 Minuten darin kochen.
Danach die Haut und das Fisch-Fett zusammen mit einer Zwiebel und einer Knoblauchzehe, dem Bündel Koriander und der Petersilie eine halbe Stunde in 1 1/2 l Wasser köcheln lassen. Dann wird das Wasser durchgesiebt; darin wird der Kabeljau eine viertel Stunde gekocht. Danach den Kabeljau herausnehmen, das Wasser aufbewahren.Die Kartoffeln in Scheiben schneiden und in dem Wasser etwas ankochen.
In einer Pfanne eine Zwiebel und eine Knoblauchzehe andünsten. Die Kartoffelscheiben kommen auf den Grund einer Auflaufform, darauf die Oliven, dann der Kabeljau, darauf die Zwiebeln und die Knoblauchzehe, je nach Wunsch noch einmal Kartoffeln darübergeben und mit Olivenöl beträufeln.
Bei 230 Grad im vorgeheizten Backofen ca. 15 Minuten backen.

ARGENTINIEN

PANADA

ist eine argentinische Spezialität, die aus Fleischresten hergestellt wird und als Füllung für die Empanadas genommen werden kann oder als Vorspeise mit Weißbrot gegessen werden kann.

1 Teller voll mit Rindsbratenresten
3 Zwiebeln
2 Knoblauchzehen
5 EL Öl
1 Tasse Fleischbrühe
1/2 EL Mehl
1 EL Kapern
100 gr. Sardellen
Pfeffer -Majoran - 1 Prise Nelkenpulver

Die Zwiebeln werden feingehackt und in Olivenöl weich gedünstet. Dazu kommt das durch die Maschine gedrehte Fleisch, die feingehackten Sardellen und Kapern. Das Ganze wird mit dem Mehl bestäubt und mit soviel Fleischbrühe aufgegossen, daß das Fleischmus, ohne anzubrennen, weich kochen kann. Das Ganze muß ständig gerührt werden und wird nach Belieben mit den Gewürzen gewürzt. Abdampfen lassen.
Das Mus wird warm mit einem Löffel gegessen, dazu kommt Weißbrot.

EMPANADAS nach Cordobeser Art

1,5 kg Mehl
400 gr. Fett
1 1/2 Tassen lauwarmes Wasser
1 TL Salz
1 TL süßen Paprika

Aus diesen Zutaten einen Knetteig anfertigen, 20 Minuten ruhen lassen, dann 1/2 cm dick ausrollen und große Medaillons ausstechen.

200 gr. fetten Speck, gewürfelt
500 gr. Rindgehacktes
500 gr. Gemüsezwiebeln
3 Karotten
1 Knoblauchzehe
2 Tomaten, geschält , ohne Körner
1 EL süßer Paprika
1 EL Kümmel gemahlen
1 EL Rosinen ohne Kerne
1 Olive pro Empanada
hart gekochte Eier

Der Speck wird ausgelassen, die kleingehackten Zwiebeln dazugegeben und einige Zeit gedünstet; dann kommen die Tomaten und der Knoblauch dazu, das Ganze mit Paprika und den geraspelten Karotten vermengen und kochen, bis das Gemüse bissfest ist. Das Hackfleisch und die Gewürze kommen dazu und werden gegart, bis das Fleisch braun ist. Dann vom Ofen nehmen, die Rosinen zufügen und abkühlen lassen.
Die Medaillons werden mit der Masse gefüllt, das gehackte Ei und die Olive dazugegeben, die Fleischtaschen geschlossen und im Backofen 15- 20 Minuten bei 180 grad gebacken.

LOCRO (wie frau ihn in der Provinz Santiago del Estero kocht)

1000 gr. geschälte Maiskörner
250 gr. weiße Bohnen
250 gr. Schweinefleisch
500 gr. Knochen
2 würzige Mettwürstchen
1 große gehackte Zwiebel
1/2 Kürbis
3 Maiskolben
1 EL Paprika
2 TL gemahlener Knoblauch
1 TL Oregano

Der Mais und die Bohnen werden über Nacht eingeweicht und am nächsten Tag in 4 l Salzwasser 30 Minuten lang gekocht. Das in Würfeln geschnittene Fleisch und die Knochen dazu-gegeben und 15 Minuten weiter gekocht.
Die Zwiebel wird kleingeschnitten und in Fett gedünstet, dazu kommt der in etwas Wasser aufgelöste Paprika, der Knoblauch und der Oregano. Die Hälfte dieser Soße gibt frau zur Suppe und läßt alles 15 Minuten weiter kochen.
Die Würste werden 10 Minuten gekocht, danach werden sie in Scheiben geschnitten und mit dem Kürbis und der restlichen Soße zur Suppe geben.
Langsam wird das Ganze dann weitergekocht. Umrühren ab und zu nicht vergessen.

TARTA DE CHOCLO

1 Tasse Mehl
1 TL Backpulver
1/2 TL Salz
100 gr. Margarine
1 Ei

werden miteinander vermischt, ev. kann noch etwas Wasser hinzu. Der Teig sollte 10 Minuten ruhen, dann wird er in zwei Teile geteilt und fein ausgerollt, mit einem Teil eine gefettete Backform auslegen.

1 Dose Maiskörner
1/4 l Milch
50 gr. Margarine
1/2 kleingehackte Zwiebel
1 EL Mehl
1/2 Tasse geriebener Käse
Salz - Pfeffer - Muskat - Zucker

Mais und Milch werden verflüssigt(püriert), die Zwiebel goldgelb angebraten, das Mehl dazugegeben und einige Minuten gekocht. Dann das Maisgemisch hinzufügen und 5 Minuten kochen. Den Käse dazugeben, würzen und die Eier unterrühren. Die Mischung kommt auf die Torte; mit der zweiten Teighälfte wird das Ganze abgedeckt, die Ränder verschlossen und alles mit Eiweiß bepinselt und mit viel Zucker bestreut. Im Ofen bei 180 grad 40 Minuten backen. Kann warm oder kalt gegessen werden.

PUCHERO ARGENTINO

1 kleines Suppenhuhn
1000 gr. Ochsenfleisch
250 gr. magerer Speck
250 gr. Chorizos(oder Debreziner)
250 gr. Kichererbsen
250 gr. Karotten
4 Porreestangen
1 kleine Sellerieknolle
250 gr. kleine Zucchini
1 kleiner Weißkohl
500 gr. Kartoffeln
3 milde Pfefferschoten
3 Maiskolben
250 gr. Tomaten
3 Zwiebeln
3 Knoblauchzehen
2 Lorbeerblätter
Majoran -Thymian - 2 Gewürznelken - 5 Pfefferkörner - 5 Pimentkörner - Petersilie
1/3 Tasse Olivenöl

In einem Topf werden die über Nacht eingeweichten Kichererbsen, die Lorbeerblätter, 1 Knoblauchzehe, die Pfeffer- und Pimentkörner und eine Zwiebel, die mit 2 Nelken gespickt ist, in 3 l Wasser aufgesetzt. Wenn es zu kochen beginnt, schöpfen Sie den Schaum ab und geben nach und nach - damit die Kochtemperatur nicht zu sehr sinkt - das Ochsenfleisch, den Speck und das in vier Teile geteilte Huhn hinzu und lassen Sie alles auf kleiner Flamme mindestens 3 Stunden kochen.
Nach etwa 2 Stunden werden die Zwiebeln und die Knoblauchzehen kleingeschnitten und in Olivenöl angedünstet. Dazu kommen die kleingeschnittenen Peperoni, die ganzen Karotten, der geviertelte Weißkohlkopf ohne Strunk, der in dicken Scheiben geschnittene Sellerie, die ungeschälten,

daumendicken Scheiben Zucchini, die jungen Maiskolben ganz ohne Fasern und Blätter und die geputzten und halbierten Lauchstangen. Darüber kommt aus dem Fleischtopf die zuvor mit Majoran und Thymian und Salz abgeschmeckte Fleischbrühe, soviel, daß das Gemüse knapp bedeckt ist. Auf beide Töpfe kommt ein Deckel und das Ganze wird sachte gekocht. Nach 30 Minuten kommen die ganzen geschälten Kartoffeln, die Würstchen und Tomaten dazu. Das Ganze soll weichkochen, aber nicht zerkochen.

Auf einer Platte wird dann erst das Fleisch angerichtet, das in portionsgerechte Stücke aufgeteilt ist. Dazu kommen die Kichererbsen und die Kartoffeln.

Auf einer anderen Platte werden die restlichen Gemüse angerichtet, und mit den Würstchen und Petersilie verziert.

Die Brühe gibt es vorher mit einer Scheibe Brot als Suppe.

Zu dem Fleisch kann auch noch eine Tomatensauce aus Tomaten, Zwiebeln, milden Pfefferschoten, die püriert werden, hergestellt werden und die mit Basilikum und etwas Ingwerpulver abgeschmeckt wird.

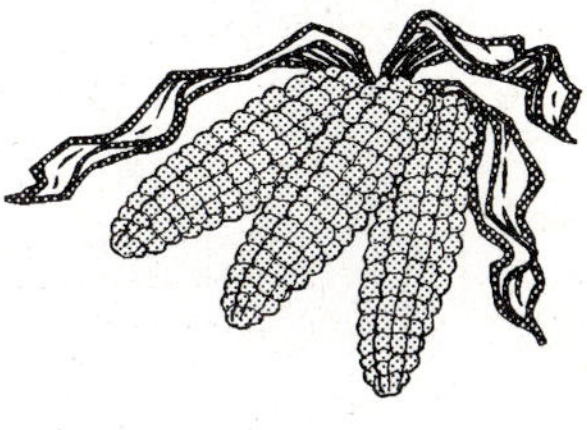

DULCE DE LECHE

1 Dose ***gezuckerte*** Kondensmilch wird 2 Stunden im Wasserbad gekocht, dann die Dose erkalten lassen. Der Inhalt ist ein in Argentinien sehr beliebter süßer Brotaufstrich, der zum Frühstück gegessen wird.

AFRIKA

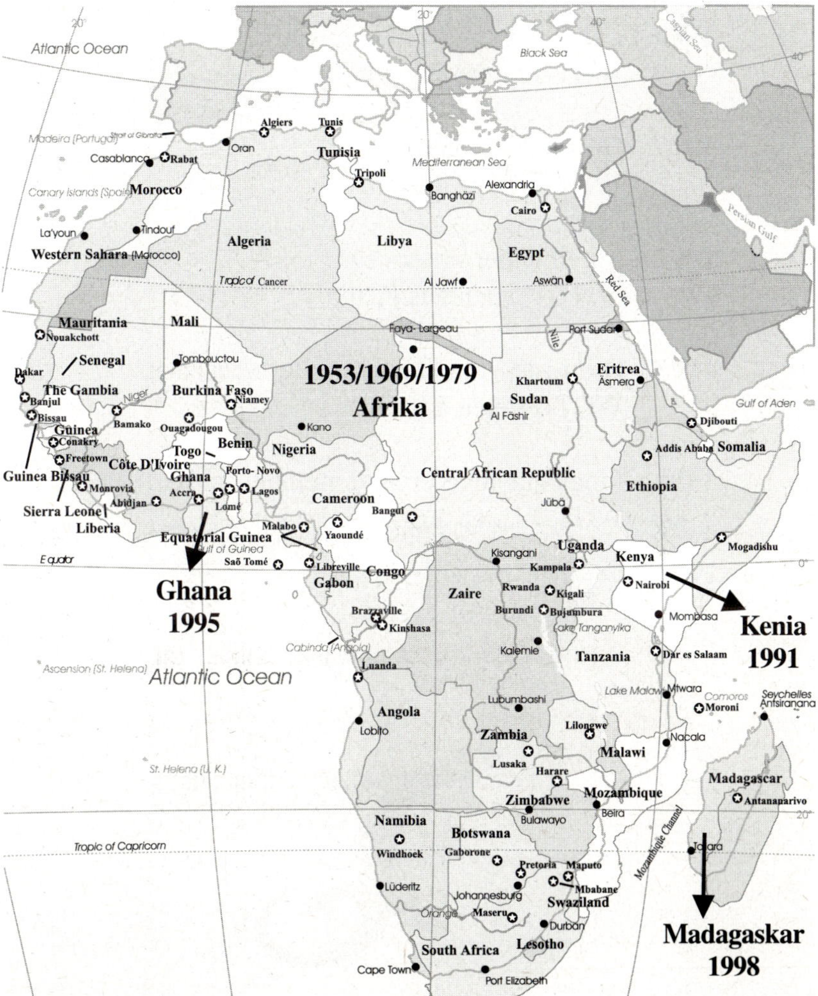

1953/1969/1979
Afrika
Ghana
1995
Kenia
1991
Madagaskar
1998
Atlantic Ocean
Black Sea
Caspian Sea
Mediterranean Sea
Persian Gulf
Red Sea
Gulf of Aden
Gulf of Guinea
Madeira (Portugal)
Strait of Gibraltar
Canary Islands (Spain)
Tropic of Cancer
Equator
Tropic of Capricorn
Ascension (St. Helena)
St. Helena (U. K.)
Mozambique Channel
Lake Tanganyika
Lake Malawi
Comoros
Seychelles
Nile
Niger
Orange
Algiers
Tunis
Oran
Casablanca
Rabat
Tunisia
Tripoli
Morocco
La'youn
Tindouf
Western Sahara (Morocco)
Algeria
Libya
Banghāzī
Alexandria
Cairo
Egypt
Aswān
Al Jawf
Mauritania
Nouakchott
Mali
Senegal
Dakar
The Gambia
Banjul
Bissau
Guinea
Conakry
Freetown
Guinea Bissau
Sierra Leone
Liberia
Monrovia
Côte D'Ivoire
Abidjan
Ghana
Accra
Lomé
Togo
Benin
Porto- Novo
Lagos
Tombouctou
Burkina Faso
Niamey
Bamako
Ouagadougou
Kano
Nigeria
Faya- Largeau
Sudan
Khartoum
Al Fāshir
Port Sudan
Eritrea
Asmera
Djibouti
Addis Ababa
Somalia
Ethiopia
Mogadishu
Central African Republic
Jūbā
Bangui
Cameroon
Yaoundé
Malabo
Equatorial Guinea
São Tomé
Libreville
Gabon
Congo
Brazzaville
Kinshasa
Cabinda (Angola)
Luanda
Angola
Lobito
Zaire
Kisangani
Uganda
Kampala
Kenya
Nairobi
Mombasa
Rwanda
Kigali
Burundi
Bujumbura
Kalemie
Tanzania
Dar es Salaam
Mtwara
Moroni
Antsiranana
Lubumbashi
Zambia
Lusaka
Lilongwe
Malawi
Nacala
Harare
Zimbabwe
Bulawayo
Mozambique
Beira
Madagascar
Antananarivo
Toliara
Namibia
Windhoek
Lüderitz
Botswana
Gaborone
Pretoria
Johannesburg
Maputo
Mbabane
Swaziland
Maseru
Lesotho
Durban
South Africa
Cape Town
Port Elizabeth

AFRIKA

1953 Wandelt wie die Kinder des Lichts
WGT-Frauen aus Afrika

1969 Laßt uns eins werden in Christus
WGT-Frauen aus Afrika

1979 Geistlich wachsen
WGT-Frauen aus Afrika

1991 Miteinander unterwegs
WGT-Frauen aus Kenia

1995 Die Erde - ein Haus für alle Menschen
WGT-Frauen aus Ghana

1998 Fihavanana! Wer sind meine Nächsten?
WGT-Frauen aus Madagaskar

GHANA 1995

UNSERE ERDE - EIN HAUS FÜR ALLE VÖLKER

Pauline Akankyalabey. ihre Schwiegermutter, rechts die Schwester Melanie und Awanate (3 Jahre) und Natalie (4 Monate) im Juli 1998 in Münster

GRUßWORT VON PAULINE AKANKYALABEY; jetzt Münster

Liebe Teilnehmerinnen des Weltgebetstages!

Ich begrüße Euch in der ghanaischen Sprache Akan zum 50. Weltgebetstag in Deutschland 1999: Akwaaba!
Es ist mir eine Ehre und besondere Freude ,Sie zu diesem Anlaß zu begrüßen und Ihnen meine Glückwünsche zu diesem Jubiläum auszusprechen.
Mit den besten Erinnerungen denke ich an die Vorbereitung des Weltgebetstages 1994/1995 zurück, als mein Heimatland Ghana als Thema des WGT gewählt worden war.
Ich möchte bei dieser Gelegenheit nicht versäumen, meiner Dankbarkeit Ausdruck zu geben für die Aufgeschlossenheit, das Interesse und die Hilfsbereitschaft, die ich und meine Landsleute damals erfahren haben.
Den 50. WGT begleite ich mit den besten Wünschen für ein gutes Gelingen und einen regen geistigen Austausch überall auf der Welt , aber freilich besonders in Ghana und in meiner zweiten Heimat Deutschland.

Herzliche Grüße

Pauline Akankyalabey, Münster August 1998

Erdnuß-Sauce

1 große Zwiebel
250 g Fleisch
Tomaten (frisch oder eine kleine Dose)
Fleischbrühe
3 gehäufte Löffel Erdnußbutter
Gemüse (Möhren, Erbsen ..)
Salz und Gewürze nach Geschmack

Die geschnittene Zwiebel und das ebenfalls geschnittene Fleisch andünsten. Die Tomaten zufügen. 1 Löffel Fleischbrühe, mit etwas Wasser verrührt, dazugießen. Die Erdnußbutter, die vorher mit etwas warmen Wasser geschmeidig gemacht wurde, dazugeben. Mit Salz und Gewürzen, je nach Geschmack, würzen. 20 Minuten kochen lassen, bis die Sauce dick wird. Dann das gekochte Gemüse hineingeben.
Dazu Reis reichen.

ERDNUSSTOPF

2 mittlere Zwiebeln, fein gehackt
600 gr. Schweineschnitzel
2 EL Erdnussöl
175 gr. Erdnusscreme
schwarzer Pfeffer
1 EL Kreuzkümmel
Cayennepfeffer
Salz
1 Dose Pizzatomaten
300 ml Brühe

Die Schweineschnitzel werden in feine Streifen geschnitten und im heißen Öl angebraten, danach beiseite gestellt. Die Zwiebeln werden im restlichen Öl hellbraun gebraten.
Dann wird die Erdnußcreme untergemischt und alles mit Salz, Pfeffer, Kreuzkümmel und Cayennepfeffer kräftig abgeschmeckt.
Die Tomaten werden dazugegeben, die Brühe angegossen und das Ganze aufgekocht. Danach kommt das Fleisch zurück in den Topf und alles wird zugedeckt bei mittlerer Hitze 40 Minuten geköchelt. Küchenkräuter können zur Garnierung benutzt werden. Mit Reis wird das Gericht serviert.

LAMMFLEISCH MIT OKRAGEMÜSE

600 gr. Lammfleisch, in Würfel geschnitten
Öl
1 Zwiebel, in Ringe geschnitten
2 Knoblauchzehen, in dünne Scheiben schneiden
1 Ingwerknolle, geschält und kleingeschnitten
Salz und Pfeffer
500 ml Brühe
500 gr. Okra (oder auch Schnittbohnen)
2 EL Erdnußbutter

Das Lammfleisch wird in einem Topf mit Öl angebraten, Zwiebel und Knoblauch dazugeben, ebenso der Ingwer Die Mischung wird mit Salz und Pfeffer abgeschmeckt und mit der Brühe aufgefüllt.
Die Okras werden gewaschen und in kleine Stücke geschnitten.
Wenn das Fleisch fast gar ist, das Okra dazugeben und auf kleiner Flamme weiterköcheln.
Die Erdnußbutter in etwas heißer Soße anrühren und zuletzt dazugeben.
Kartoffelbrei schmeckt gut dazu.

PATTE (Maisbrei)

1 l Wasser wird zum Kochen gebracht. 600 gr. Maismehl wird in etwas Wasser angerührt und die Masse dann ins kochende Wasser gegeben. 400 gr. Grieß werden mit einem Holzlöffel untergerührt, bis das Ganze eine feste Konsistenz hat.

COUS - COUS (Hirsebrei)

250 gr. Hirse werden in eine flache Schüssel gegeben. 125 ml Salzwasser werden tropfenweise über die Hirse gegossen. Die Hirse zwischen den Fingern reiben, bis sie das Wasser vollständig aufgesogen hat und sich kleine Klümpchen bilden. Die Schüssel abdecken und etwa 20 Minuten stehen lassen.
Anschließend den Brei in ein sehr feines Sieb füllen und über einen Topf mit kochenden Wasser hängen. Das Sieb sollte das Wasser nicht berühren. Über den Topf wird ein Tuch gelegt und die Hirse 30 Minuten im Wasserdampf gegart.
Vor dem Servieren vorsichtig etwas Butter untermischen.

MAFFÉE

800 gr. Lamm - oder Rindfleisch
100 gr. Tomatenmark
300 ml Wasser
800 gr. gemischtes Gemüse(Möhren, Kartoffeln, Auberginen, Zucchini z. B.)
4 EL Erdnußbutter
100 ml heiße Brühe
1 Zwiebel
Öl

Das Fleisch wird in gulaschgroße Würfel geschnitten und im Öl angebraten. Die Zwiebel wird in Ringe geschnitten und mit dem Fleisch zusammen angebraten.
Das Tomatenmark wird in Wasser angerührt und zum Fleisch gegeben. Alles zusammen muß 10 Minuten garen.
Das Gemüse wird geputzt und in Scheiben geschnitten, und auch zum Fleisch gegeben. Das Ganze kann dann noch weiter köcheln., bis das Gemüse fast gar ist.
Die Erdnußbutter wird in der Brühe angerührt und zum Fleisch gegeben, kurz bevor das Gemüse gar ist.
Dazu gibt es Reis.

BOHNENPÜREE

2 Tassen braune Bohnen
2 Tomaten
4 TL Curry
Pfeffer und Salz

Die getrockneten Bohnen werden eingeweicht und über Nacht stehengelassen. Am nächsten Tag in frischem Waser weich kochen.
Das Wasser wird dann abgegossen und die Bohnen im Mixer püriert.
Die Tomaten werden in kleine Würfel geschnitten und zum Püree gegeben. Das Ganze wird mit 100 ml Wasser aufgefüllt, dann aufkochen lassen. Mit Salz, Pfeffer und Curry würzen.
Das Bohnenpüree passt als Beilage zu verschiedenen Fleischgerichten.

KENIA

20 kg Freigepäck, mehr ist nicht erlaubt im Flugzeug. Und im Koffer waren schon eine Reihe von WGT-Materialien, viele dicke Pullover und anderes für die kalte Jahreszeit, denn im Karpatenbogen südlich von Sibiu /Hermannstadt ist es Anfang November schon sehr winterlich.

In einem verlassenen alten Bauernhaus in der Nähe des Freizeitenheimes in Michelsberg trafen wir uns zum erstenmal nach der Wende: 10 Pfarrfrauen aus Siebenbürgen und ich, zu einem ersten Einstieg in den kenianischen Weltgebetstag 1991. Ein wenig - das war mein Wunsch - sollten sie von diesem Land auch schmecken. Und wegen des Freigepäcks (s.o.) ging außer kenianischen Tee und Kardamon nichts mehr in den Koffer hinein. Aber alles andere für den Tee - Feuer , Wasser , Milch , Zucker - würde ich schon in Rumänien bekommen.

Das Wasser mußte ich aus dem Brunnen holen, der 20 m vom Haus entfernt auf der matschigen, halbgefrorenen Wiese lag. Ein kurzer Gang durch die eiskalte Landschaft und dazu ein Brunnen, der schon über ein Jahr nicht mehr benutzt worden war. Eine erste neue Erfahrung für mich, die ich nur den heimischen Kran gewohnt war.

Das Wasser mußte auf einem kleinen alten Kohleofen zum Kochen gebracht werden, und der Ofen zunächst zum Brennen. Kindheitserinnerungen wurden wach und das Zimmer schnell voller Rauch. Ein Boiler ist eben leichter zu bedienen, aber er war leider 2000 km entfernt. In Kenia - fiel mir dann ein-, hätte ich das Holz erst meilenweit tragen müssen. Also sagte ich mir: Renate, halte durch! Ich hielt auch durch, aber diese Erfahrung in Siebenbürgen machte es mir anschaulicher, was Finike Gogomoka über ihr Land und das tägliche Leben der Frauen dort erzählt hatte , und ich schließlich den Frauen im fernen Siebenbürgen nacherzählen wollte.

Übrigens: kein Chai, den wir während dieses Jahres zubereitet haben, war so heiß und wärmend, und so geschmeckt hat auch keiner wie der, den wir im alten Bauernhaus in Michelsberg tranken.

Kenya Chai

Losen Tee aus Kenya
Ingwer-Puder
Kardamom
Milch/Wasser

1/3 Milch und 2/3 Wasser zusammen mit einer Prise Ingwer und ein wenig Kardamom zum Kochen bringen, zuletzt den Tee dazugeben, kurz mitkochen und ein paar Minuten ziehen lassen. Durchsieben, servieren.

Zum Essen gehört das Gespräch, Singen und sich Erzählen lassen .....

Nyama (Fleisch) für 6 Personen:

1 kg Rindfleisch (Gulasch)
2 Tomaten
1 kleines Stück Ingwer
150 g Kokosraspeln
1 große Zwiebel
1 Paprikaschote
2 Schoten Kardamom
1 Tasse heißes Wasser
Öl, Salz, Cayenne-Pfeffer

Kokosraspeln mit heißem Wasser übergießen und mindestens ½ Stunde ziehen lassen, dann die Raspeln ausdrücken (es wird nur das Kokoswasser verwendet).
Kleingeschnittene Zwiebel, Tomaten und Paprikaschoten in Öl andünsten, Fleisch, Ingwer, Kardamom, Pfeffer und Salz dazugeben. Wenn das Fleisch etwas angebräunt ist, mit dem Kokoswasser aufgießen und alles zusammen gar kochen. Abschmecken.

Gemischte Gemüsesuppe

60 g Weißkohl; 2 Zwiebeln; 2 Karotten;
1 Tomate; 2 kleine Stangen Sellerie;
1 l Fleisch- oder Hühnerbrühe; 2 TL Öl;
2 Knoblauchzehen; 1 TL Petersilie gehackt;
1 Messerspitze Cumin; Salz, Pfeffer;
1 Messerspitze Koriander

Das Gemüse waschen und kleinschneiden. Knoblauch und Zwiebeln zerhacken und in der Pfanne leicht braten. Das Gemüse, die Gewürze und die Brühe hinzufügen und 30 - 40 Minuten kochen lassen, bis das Gemüse gar ist. Mit Salz und Pfeffer abschmecken.

Spinat für 6 Personen:

1 - 2 Tassen Wasser für frischen Spinat, für eingefrorenen Spinat weniger Wasser, Salz, etwas Fett, 2 Tomaten, ½ Tasse gemahlene Erdnüsse, 1 Zwiebel

Spinat in Salzwasser kurz aufkochen lassen, Wasser in ein Gefäß gießen. Kleingeschnittene Zwiebel und Tomaten in Fett anschmoren und dann mit dem Spinat zusammen dünsten. Dann werden die Erdnüsse in das vorher abgegossene Wasser gegeben und das Ganze noch kurze Zeit gekocht.

Ugali ist in der Mehrzahl der tansanianischen Küchen die Grundlage fast jeden Essens. Jede Hausfrau hat dabei ihre besonderen Tricks für die Zubereitung. Die eine gibt das Maismehl in das kalte Wasser und rührt es zu einem festen Brei (mit einem Holzlöffel), die andere gibt den aus Mehl und Milch vermischten Brei in das kochende Wasser. Dabei ist wichtig, daß alles Wasser von dem Mehl aufgesogen wird und ein fester Teig entsteht. Dieser wird aus dem Topf genommen und zu einer Halbkugel geformt, wie bei uns ein Kuchenteig, bevor er ausgerollt wird. Der Teller mit **Ugali** kommt in die Mitte des Tisches, und jede/r nimmt sich ein kleines Stück und formt mit den Fingern eine kleine Kugel. Mit dem Daumen wird in die Kugel eine Mulde gedrückt, und so hat man einen Löffel, mit dem Soße, Gemüse oder Fleischstücke aufgenommen werden.

Ugali (aus Hartweizengrieß) für 6 Personen:
2 Liter Wasser im Topf zum Kochen bringen. Ein Päckchen Hartweizengrieß (500 g) langsam ins Wasser gießen und dabei rühren. Solange Mehl einrühren bis alles eine festere Masse wird. Etwa 4 - 5 Minuten weiter umrühren. Auf niedriger Flamme 2 Minuten kochen lassen. **Ugali** wird als Beilage zu Nyama gegessen.

Huhn,
wie es in fast allen afrikanischen Ländern gekocht wird

2 gehackte Zwiebeln
Knoblauch nach Belieben
Huhn, Hähnchen oder 1 große Poularde
in Stücke geschnitten
2 - 3 Eßlöffel Erdnuß-, Leinsamen- oder
Sesamöl
1 große Tomate, gewürfelt
1 Dose Tomatenmark
Salz und Pfeffer nach Geschmack
½ TL Kurkuma und/oder Zimt nach Belieben
½ TL Pili-Pili (Chilipulver)
1 Kochbanane (ersatzweise 2 unreife Bananen)

Die Zwiebeln und die Hähnchenteile anbraten. Gewürze zugeben. Tomatenmark und Tomate zugeben. Mit etwas heißem Wasser aufgießen. Das Gericht zugedeckt bei geringer Hitze ½ Stunde kochen. Dann die in ca. 2 cm dicke Scheiben geschnittenen Bananen zugeben und noch ca. ¼ Stunde weiterköcheln lassen.

Erdnußeintopf

800 g Rindfleisch
2 Zwiebeln
5 Knoblauchzehen
3 Ingwerzehen
2 - 3 Tomaten
1 große Aubergine
2 kleine Zucchini
Salz, Pfeffer
Brühwürfel
Chilli (Cayennepfeffer)
Öl
1 Tasse Erdnußmus oder Erdnußcreme

Alles in kleine Stücke schneiden. Öl in den Topf geben, Fleisch, Zwiebeln, Ingwer, Knoblauch, wenig Wasser dazugeben. Nach 30 Minuten Kochzeit Gemüse dazugeben und würzen. Ca. 5 Minuten vor Ende der Kochzeit (insgesamt etwa 1 Stunde) das Erdnußmus zugeben.

Ginger-Ale

5 Ingwerzehen kleinschneiden und mit ¾ l heißem Wasser übergießen; über Nacht stehenlassen. Am nächsten Tag mit Ananassaft (oder Orangensaft) aufgießen und kühlstellen. Mit Ananasstückchen servieren.

Süsser Kartoffelkuchen

1 kg Kartoffeln -
schälen, in Scheiben schneiden, mit Wasser bedeckt ca. 25 Minuten kochen, abgießen, durchpressen, in Schüssel geben
1 große reife Banane -
gut zerdrücken, zugeben
50 g zerlassene Butter - zugeben
3 gut geschlagene Eier - "
300 ml Kondensmilch - "
225 g Zucker - "
½ TL Vanillezucker - "
1 EL Melasse/Sirup - "
50 g Rosinen - "
½ TL Muskatnuß´ - "
½ TL Zimt - "

Teig in gefettete, gebröselte Kuchenform geben, in vorgeheiztem Ofen 180 ° 90 Minuten backen.

Kokosnußcreme

2 Kokosnüsse
80 g Speisestärke
8 dl Milch
4 Eier
4 EL starker Kaffee
2 Päckchen Vanilliezucker
4 EL Zucker
1/8 l süße Sahne
1 TL Zimt

Kokosnüsse in der Mitte durchsägen und das Fruchtfleisch bis auf einen Rand von ½ cm ausheben. Kokosmilch abgießen. Das Fruchtfleisch fein hacken oder im Mixer zerkleinern. Speisestärke mit 2 EL Milch und den Eigelb verrühren. Restliche Milch zum Kochen bringen, Kaffee zugeben, die Speisestärke untermischen und einmal kurz aufkochen lassen. Eiweiß zu steifem Schnee schlagen, Vanillezucker, Zucker und das zerkleinerte Fruchtfleisch beigeben und unter die Creme heben. Creme auskühlen lassen, in die Kokosnußhälften füllen, mit Schlagsahne garnieren und mit Zimt bestreuen.

Liebe Freundinnen,

Als Madegassin möchte ich Ihnen zum 50-jährigen Bestehen des Weltgebetstages den Segen Gottes und der Ahnen wünschen und erbeten und damit meine Freude und meine Anerkennung zu diesem Jubiläum zum Ausdruck bringen.

Während der intensiven und liebevollen Vorbereitungstagungen, den vielen Veranstaltungen in ganz Deutschland und schließlich am Weltgebetstag selbst durfte ich als Stellvertreterin meiner Schwestern aus Madagaskar Eure Freundschaft und Fürsorge erleben. Für mich bleibt alles, was ich gesehen, gehört und erlebt habe eine ständige Quelle von frohem Erstaunen und von Dankbarkeit. Ich glaube, daß es meinen Landsleuten ebenso ergeht.

In freundschaftlicher und dankbarer Verbundenheit wünsche ich Euch daher alles Liebe und Gute zum 50. Geburtstag!

Eure

Marie-Thérèse Maier-Tsiafindra

SAMBOS

250 gr. Rinderhack
200 gr. Mehl
100 gr. Butter
1/4 Tasse Wasser
1 große Stange Porree, sehr fein geschnitten
Pfeffer -Salz
4 Tropfen Zitronensaft
2 scharfe Sambolek
1/2 TL Curry

Das Fleisch wird angebraten mit Erdnuss - oder Olivenöl. Der Porree leicht angebraten und mit dem Rinderhack gemischt. Das Ganze würzen. Aus dem Mehl, der Butter und dem Wasser einen Teig bereiten und 5-10 Minuten ruhen lassen, dann ausrollen, so fein wie möglich. Dreiecke von ca. 12 cm ausschneiden. Mit der Fleischmischung füllen. Leicht fritieren und dann weiterbacken. Im Ofen bei mittlerer Hitze 20 - 25 Minuten goldbraun backen.

GEMÜSE - ACHARD

15 gr. Senfkörner
1 mittelgroße Zwiebel, feingehackt
5 gr. frischen Ingwer - zerquetscht
3 Knoblauchzehen - zerquetscht
5 gr. Safranpulver
1 kleiner Blumenkohl, zerlegt
150 gr. Weißkohl, in Streifen geschnitten
150 gr. Karotten - gestiftelt
8-9 EL Öl
4 Peperoni
150 gr. grüne Bohnen in feine Streifen geschnitten

Zwiebel, Ingwer, Knoblauch und Safran mischen. Gemüse jeweils 30 Sekunden im kochenden Wasser blanchieren und abtropfen lassen. Alle Zutaten mischen und mit den Gewürzen abschmecken. Im Kühlschrank einen Tag ziehen lassen. Kühl servieren.

GRATINIERTE SOSOTY

1/2 l Milch
50 gr. Butter
50 gr. Mehl
50 gr. geriebener Käse
4 Knoblauchzehen
1 Zwiebel
Salz und Pfeffer
Sosoty = birnenartige Früchte (in Hollandshops erhältlich)

Die Früchte werden im Salzwasser weichgekocht und dann in zwei gleich Teile aufgeteilt. Das Fruchtfleisch wird herausgenommen. Die Schale muß ganz bleiben. Die Butter wird erhitzt, Zwiebel und Knoblauch hinzugefügt, ebenso das Mehl und die Hälfte des Käses. Das Fruchtfleisch wird mit einer Gabel zerdrückt und mit der Sauce vermischt. Die Schalen der Fürchte werden damit gefüllt. Der Rest vom Käse wird mit Butterflöckchen darübergestreut und 15 Minuten im Ofen gebacken.

REIS MIT FLEISCH

500 gr. Schweinefleisch
1 Hähnchen
Salz
2 Ingwerwurzeln
1 große Zwiebel
1 Schalotte
1 kg Reis

Das Hähnchen säubern und Schweinefleisch in einem halben Liter gesalzenem Wasser garen bis fast kein Wasser mehr im Topf bleibt. Die Zwiebel und die Ingwerwurzeln würfeln und zum Fleisch geben. Die Schalotten dazugeben. Alles auf kleiner Flamme köcheln lassen bis eine cremige Sauce entsteht. Inzwischen den Reis nur mit Wasser aufsetzen. Der Reis wird zusammen mit der Sauce und dem Fleisch serviert.

HÄHNCHEN IN KOKOSNUSS-SAUCE

1-2 Kokosnüsse
1 Hähnchen (1,5 kg)
2 Tomaten
2 Zwiebeln
2 Knoblauchzehen (zerquetscht)
20 gr. Ingwer (zerquetscht)
60 gr. Currypulver
Öl, Salz, Pfeffer, ein paar Erdnüsse (zerquetscht)

Das Hähnchen zerteilen und anbraten, salzen und pfeffern. Dann die Kokosnuss reiben und mit einem oder zwei Gläsern Wasser übergiessen. Mit einem Tuch den Saft herauspressen. Die Zwiebel glasig anbraten, mit Knoblauch, Ingwer und kleingeschnittenen Tomaten vermengen. Das Ganze mit dem Kokosnusssaft übergießen. 30 Minuten köcheln lassen. Mit Reis servieren.

KABELJAU ROYAL

500 gr. Kabeljau
120 gr. Zwiebeln
500 gr. Tomaten
4 Knoblauchzehen
8 EL Öl
Pilipchi

Den Fisch 15 Minuten kochen lassen. Abtropfen und zerkleinern. Mit dem Rest der Zutaten schmoren.

FISCHFILET UND KREVETTEN IN INGWER UND ERDNUSSSAUCE

100 gr. Fisch pro Person
2-3 große Krevetten pro Person
10 gr. frischen Ingwer zerquetscht
Butter oder Margarine
Weißwein
1-2 EL Maismehl
50 gr. zerstossene Erdnüsse
Milch
klare Brühe
etwas Käse und Sahne
Alle Zutaten außer den Krevetten in eine gefettete Backform füllen, auf höchster Stufe 15 Minuten backen , dann auf mittlerer Stufe 10 -15 Minuten weiterbacken - die Krevetten ca. 5 Minuten vor dem Servieren mitbacken. Zusammen mit Reis servieren.

RIPPCHEN MIT MANIOKBLÄTTERN
(für 8 Personen)

1, 5 kg dicke Rippe
500 gr. Maniokblätter (o. Spinat)
Olivenöl
1-2 Zwiebeln
2 große Tomaten
5 Knoblauchzehen
Salz - Pfeffer - Wasser
Pilipchi(roter Pfeffer)

Das Fleisch schneiden und anbraten(es darf nicht braun werden!). Salzen und im Wasser weich kochen. Knoblauch zerdrücken und mit den Maniokblättern weich kochen. Die Zwiebeln und die Tomaten anbraten. Alles mischen und 10 Minuten zusammen kochen, bis kaum Wasser vorhanden ist. Mit Reis servieren.

ERDNUSSKEKSE

2 Eier
2 EL Butter
5 Päckchen Vanillezucker oder
1 Tasse Zucker und 1 TL Vanille
1 Glas Erdnussmus (nicht - creme)
1 Tasse Mehl
1 Prise Salz
2 TL Backpulver

Die Eier werden mit der Butter und dem Zucker vermischt; das Mehl mit dem Salz und dem Backpulver vermengt; dann werden alle Zutaten miteinander vermengt und auf ein gefettetes Backblech gestrichen. Die Oberfläche wird mit Wasser ein wenig geglättet. Bei Mittelhitze werden die Kekse etwas 25 Minuten gebacken.

FRUCHTSALAT

1 reife Mango
3 reife Bananen
1 kleine Papaya
1 kleine Ananas
2 Orangen, waschen und schälen, kleinschneiden und nach Bedarf etwas süßen.

BANANENCREME

3 - 4 gut ausgereifte Bananen
2 Eier
20 gr. Zucker
200 gr. Kondensmilch oder süße Sahne.
ein wenig Zitronensaft

Bananen schälen, zerdrücken. Eigelb und Zucker schaumig rühren und Bananenmus daruntermischen. Eiweiß steif schlagen, ebenso die Sahne. Alles vermischen, mit Zitronensaft abschmecken.

ERDNUSS-NOUGAT

500 gr. geschälte, geröstete Erdnüßchen
1 1/2 Tassen Zucker (375 gr.)
einige Tropfen Zitronensaft

In eine Pfanne ein Glas Wasser geben und darin den Zucker mit einigen Tropfen Zitronensaft schmelzen. Wenn der Zucker braun geworden ist, gibt frau die geschälten Erdnüßchen hinein, die vorher im Mörser zerkleinert oder grob gemahlen wurden. Mit einer Holzkelle rührt frau, bis alles gut gemischt ist. Dann gießt frau den Nougat auf ein gut gefettetes Blech. Mit einer gewässerten Flasche rollt frau den Nougat flach aus, bis er etwa 1/2 cm dick ist. Den noch heißen Nougat schneidet frau dann in etwa 5 x5 cm große Vierecke.

OBSTSALAT

1 Mango
2 Bananen
4 Äpfel
2 Birnen
2 Orangen
3 Kiwis
1 TL Zitronensaft

in Würfel schneiden und vermengen und mit Kokosnusscreme übergießen.

PUNCH

1 2 /2 Gläser Weißer Rum
2 Limetten , ausgepreßt
2 Gläser Zuckerrohrsirup
zerstoßenes Eis

Alle Zutaten bis auf das Eis in einen Mixer geben und gut durchmixen.
In ein Glas etwas zerstoßenes Eis geben, darauf die Rum- Limettenmischung und das Ganze dann servieren.

NAHER OSTEN

Tbilisi
Ankara
Armenia
Azerbaijan
Baku
Yerevan
Greece
Dardanelles
Turkey
Lake Van
Tabriz
Lake Urmia
Antalya
Mersin
Mosul
Euphrates
Tigris
Cyprus
Nicosia
Syria
1994
Palästina
Beirut
Damascus
Cease Fire Line
Bagdad
Iraq
Alexandria
'Amman
Jerusalem
Suez Canal
Jordan
Armistice Line
Cairo
Basrah
Abadan
1959 / 1975
Ägypten
Al 'Aqabah
Gulf of Suez
Gulf of Aqaba
Kuwait City
Kuwait
Persian
Gulf
Nile
Dhahran
Saudi Arabia
Tropic of Cancer
Aswan
Medina
Riyadh
Bahrain
Lake Nasser
Treaty Boundary
Jiddah
Mecca
Red
Port Sudan
Sea
Nile
Sudan
Eritrea
Khartoum

NAHER OSTEN

1959 Herr, ich glaube
Ost: Wer an mich glaubt, der wird leben.
WGT-Frauen aus Ägypten

1975 West: Aus der Einheit leben
Ost: Ein jeder sah auf seinen Weg
WGT-Frauen aus Ägypten

1994 Gehen - Sehen - Handeln
WGT-Frauen aus Palästina

PALÄSTINA 1994

GO - SEE AND ACT

GRUßWORT VON PRF. DR. SUMAYA FARHAT- NASER, BIR ZEIT

Liebe deutsche Weltgebetstagsfrauen!

Als Schülerin in Talitha Kumi muße ich jahrelang täglich ein bis zwei Kapitel aus der Bibel lesen und oft als Strafe einen Psalm auswendig lernen. Als ich nach Hamburg kam, war ich erleichtert, nicht das Gleiche tun zu müssen. Meiner christlichen Erziehung folgte ich nach und ging regelmäßig in die Kirche, bis ich mich als Palästinenserin konfrontiert sah mit der Deutsch-Jüdischen Geschichte und als Christin mit den Christinnen und Christen in Deutschland. Ich brachte Irritierung, weil meine Person die eigene deutsche Geschichte aufwecken konnte und die eigene Verantwortung gegenüber der Vergangenheit und der Gegenwart provozierte. Es bot sich kein Raum für eine objektive Auseinandersetzung . Zu viele Probleme, zu wenig Bereitschaft zum Zuhören, zum Verstehen - Wollen, Kränkung und Nichtbeachtung meiner Person, das habe ich empfunden. Ich wollte nichts mehr mit den Christinnen und Christen und der Kirche zu tun haben. Ich mied sie als Institution, doch Personen waren und blieben meine Freunde und unterstützten mich.

Als ich im Jahre 1989 die Ehrendoktorwürde der Katholischen Fakultät Münster bekam, konnte ich es nicht fassen. Ausgerechnet die von hier! Aber es waren nicht meine Verdienste um die Theologie, sondern um Frieden, Versöhnung und Menschenrechte. Was mir diese Ehrung an Schutz, an Möglichkeit zum Handeln und an Öffnen von Perspektiven brachte, ließ mich die Bedeutung der Zusammenarbeit schätzen und forderte mich zu mehr Mut und Wagnis heraus. Mein herzlicher Dank gilt noch heute allen, die mir diese Ehrung zuteil werden ließen und mich so auf den Weg brachten.

Im Jahre 1991 war ich zum ersten Male vom Berliner Missionswerk zur Jahresversammlung eingeladen, und spürte dort, daß eine Verbindung zwischen uns existiert. Plötzlich wurde ich als „Talitha-Kumi-Schülerin" wahrgenommen. Eigenartig, ich studierte zehn Jahre lang in verschiedenen Phasen in Hamburg und war nie beim Berliner Missionswerk eingeladen. Ich war sehr beglückt zu sehen, wie ich mit Freude und Stolz empfangen wurde und ich fand ein Stück Verständnis und Unterstützung. Das zog mich zurück in den Schoß der Christinnen und Christen.

Als im Jahre 1993 ein Anruf von Ulrike Bechmann kam, ich sollte dringend nach Deutschland kommen, um an der Vorbereitung zum Weltgebetstag der Frauen mitzuwirken, hörte ich zum erstenmal vom Weltgebetstag der Frauen. Ich war positiv überrascht, daß es endlich soweit war, daß man uns Palästinenserinnen, als Christinnen des Heiligen Landes, wahr nimmt; mir war aber auch peinlich , als ich erfuhr, daß der Weltgebetstag seit über hundert Jahren existiert und wir wissen als Christinnen nichts davon. Worum geht es? Es geht um den Text, den die palästinensischen Frauen schrieben. Ich nahm mir den Text vor, las ihn, und stellte fest: er ist mit viel Mühe und Gründlichkeit vorbereitet worden. Ich versuchte ihn dann mit den Gefühlen der Frauen in Palästina zu lesen, und verstand die Frauen, die ihn als sehr weich, beschönigend, undirekt und nicht genug der Realität entsprechend bezeichneten. Ich las den Text mit den Gefühlen der deutschen Frauen und unter Respekt der Sensibilität aufgrund der deutsch-jüdischen Geschichte und mit den Gefühlen der Juden, und sagte mir: O je, wäre ich dabei gewesen, hätte ich einige Sätze anders formuliert und vielleicht einiges anders gemacht. Als ich Frauen in Palästina meine Gefühle und meine Meinung mitteilte, sagten sie, wieso gibt es diesen Sturm und diese Kritik; wir haben den Text nicht für die deutschen Frauen , sondern für alle Frauen der Welt geschrieben. Ich erkannte eine große Aufgabe, die auf mich zukam, und sagte mir, ich muß zum Einsatz, wer sonst, wenn nicht ich, könnte hier vermitteln, könnte erklären, auch wenn ich mich viel zuwenig mit biblischen Texten viele Jahre lang beschäftigt hatte.

Unzählige Vorträge habe ich in Deutschland, in der Schweiz und Österreich zu diesem Thema innerhalb weniger Monate gehalten. Für mich war es eine große Bereicherung zu erfahren, wie groß das Interesse war, sich mit der Problematik auseinanderzusetzen, die Verknüpfung von Politik und Religion zu erkennen und palästinensische Christinnen plötzlich nicht nur als Christinnen wahrzunehmen, sondern als Palästinenserinnen mit einer nationalen Indentität. Gerade deshalb war das Ausbrechen eines solchen Konflikts unvermeidlich, bzw. gerade deshalb mit aller Stärke die Attacke. Für mich sah ich die Bedeutung der Involvierung, der

Einmischung und vor allem der Aufklärung. Zu lange war ein Aussprechen, ein gegenseitiges Kennenlernen blockiert. Hier ergab sich die Möglichkeit. Diese Diskussion ermöglichte ein Stück Verarbeiten der eigenen Geschichte und ein Auseinandersetzen mit der Verquickung der drei Parteien. Die palästinensische Geschichte ist ein Teil der Deutsch-Jüdischen Geschichte geworden. Um die complexe Situation zu verstehen und die Auseinandersetzung mit der eigenen Geschichte zu erleichtern, bedarf es der Offenheit, aes Aussprechens und des Erkennens, daß diese drei Ringe miteinander verbunden sind. Vorausgesetzt man strebte das Beste für alle Betroffenen an. Rege Diskussionen brachten Aufklärungsarbeit. Für uns Palästinenserinnen war es dringend nötig zu erfahren: es gibt Menschen, die sich für uns interessieren, die uns endlich hören wollen, die sich um Israel und Palästina sorgen.

Wunderbare Frauen habe ich seit diesem Weltgebetstag der Frauen kennengelernt, ihre Arbeit schätzen gelernt, ihnen ihren Einsatz hoch angerechnet und viel von ihnen gelernt. Viele dieser Frauen als Personen und als Vertreterinnen von kirchlichen Organisationen und Stellen tragen meine Sorge und Aufgabe mit, und ohne ihren Beistand hätte ich vieles nicht schaffen können. Mehrere Projekte in Palästina wurden und werden vom Weltgebetstag der Frauen unterstützt, und zunehmend erwachte der Wunsch, bei Reisen nach Israel auch Palästina und seine Menschen kennenzulernen.

Er war der Weltgebetstag der Frauen, der mit die Impulse und die Dringlichkeit gab, mein Buch „Thymian und Steine" zu schreiben. Es war das Buch, das mir größeren Zugang zur Öffentlichkeit verschaffte, als ich den Evangelischen Buchpreis bekam. Es war auch in Österreich mein Einsatz und die Öffentlichkeitsarbeit, die es mir ermöglichten, den Bruno - Kreisky-Preis zu bekommen. All das wirkte wie ein Schneeballeffekt um Öffentlichkeit, Bildungsarbeit, Informationsarbeit zu verbreiten.

Von Herzen bin ich sehr mit allen Frauen des Weltgebetstages in Deutschland verbunden und ich danke innig dafür, daß ich nun dazugehören darf. Ich fühle mich wieder zuhause.

Sumaya Farhat - Naser   Osnabrück, Juli 1998

Maklube (das Umgekippte)

mit Blumenkohl oder mit Auberginen
(für 5 Personen)

4 Tassen Reis, ein Kopf Blumenkohl oder Auberginen, ein Pfund Gulasch -Fleisch, vom Rind, Hammel oder Pute, Gewürze: Salz Pfeffer, Piment, Zimt, Muskat Zwiebeln.

Fleisch anrösten und garen lassen in vier Tassen Wasser, geschnittene Zwiebeln und Gewürze dazu. Salz und Pfeffer etwas mehr als gewohnt, Zimt, Piment und Muskat je 1/ 4 Teelöffel dazu.

Aubergine schalen und in Scheiben schneiden, dann braten. ODER
Blumenkohl in Stücke entsprechend der Verzweigung zerkleinern, und anbraten-

Dann großen Topf nehmen, gewaschenen Reis hinein tun, Blumenkohl, oder Auberginen, dann gargewordenes Fleisch dazu

Achtung!! Bei vier Tassen Reis nimmt man sechs Tassen Brühe bei Milchreis, oder sieben Tassen bei Langkornreis.
Dazu nochmal, etwas Salz und Pfeffer, aber 1/4 Löffel je Zimt und Piment geben.

Wenn der Topf beginnt zu kochen, 30 Minuten auf niedrige Hitze garen lassen.

Danach den Topf in eine große Schüssel umkippen, damit jeder an alle köstlichen Zutaten dran kommen kann.

Tabbule-Salat

250 g Weizen Schrot,(Burgul)
ein Pfund Tomaten ,
drei oder vier Bund Petersilie
Ein Bund Pfefferminze
drei Zitronen
eine kleine Zwiebel
Olivenöl.

Weizenschrot waschen, Gemüse und Grünzeug waschen und schneiden klein , wie es nur geht. alles auf die Weizenschrot geben, Drei Zitronen saft dazu Olivenöl Schuß, Salz und etwas Pfeffer. Es braucht drei Stunden damit alles ziehen kann. Für Schnelligkeit, weicht man den Schroh vorher ein , oder heißes Wasser dazu geben für eine halbe Stunde dann den Salat vorbereiten. Weizenschroth quillt durch das Einziehen der Säfte von Tomate und Zitrone.

Sumaya Farhat-Naser

Salate mit Sesam-Paste

Petersilie waschen und schneiden, zwei Teelöffel Sesampaste in einer Tasse Wasser lösen, dazu etwas Salz, etwas Pfeffer und den Saft einer Zitrone geben, zur Petersilie geben, abschmecken mit genügend Salz und Zitrone, vermischen, servieren.

Kichererbsen einen Tag vorher einweichen, dann kochen, bis sie gar und weich werden. Dann werden die Erbsen mit Wasser in einen Mixer gebracht, Zitrone dazu, Salz und zwei Teelöffel Sesampaste, alles mixen, die Masse wird zu einem dicken Brei, wenn nötig, verdünnen, Erbsenkochwasser verwenden.

Aubergine durchpicken mit einem Messer, in eine Backschüssel legen und trocken garen lassen. Wenn sie weich geworden sind, dann abschälen, etwas kleinschneiden, dazu Salz und Pfeffer, dann zwei Teelöffel Sesampaste zu einer Tasse Wasser geben, dazu Saft einer Zitrone. Die Pasta-Mischung zur Aubergine geben, abschmecken mit Salz und Pfeffer, Servieren

Sumaya Farhat-Naser

Kifta

Ein Pfund Hackfleisch mit gehackter Petersilie und eine gehackte Zwiebel vermischen. Salz und Pfeffer wie gewohnt zugeben.
Fleischmischung zu kleinen länglichen Bällchen formen.

Kartoffeln schälen und länglich schneiden oder rund. Anbraten wenn das schnell gehen soll.

Kartoffeln in die Backschale verteilen, darüber die Hackfleischbällchen legen,

Nun kann man zwei verschiedene Soßen darüber gießen:
1-- Sesam-Paste (Tahine) vom Türken zu kaufen. Zwei große Löffel davon mit zwei Tassen Wasser verdünnen, dazu zwei Zitronen pressen, Salz und Pfeffer geben , die Soße über Kartoffel, und Fleisch in die Schale gießen und alles in Backofen tun, bis Fleisch und Kartoffel gar sind.

ODER:

2--- Tomaten Soße: zwei große Löffel Tomaten Mark in zwei Tassen Wasser verdünnen, zwei oder drei zerkleinerte Tomaten dazu geben , Salz und Pfeffer dazu geben, in die Schale geben und backen.

HASCHWE
„Die Füllung"

Ein Hähnchen, Milchreis von Aldi, 250 g Hackfleisch, eine Zwiebel, Salz, Pfeffer, Piment, Muskat., Geschälte Mandeln.

Hähnchen kochen mit Zwiebel und Gewürze, Salz und Pfeffer wie gewohnt, Piment und Muskat je einen halben Teelöffel in die Suppe.

Mit der Brühe, wird der Reis gekocht, je Tasse Reis eine Tasse Brühe bei Milchreis, und 1 1/2 Tasse Brühe je Tasse Langkorn-Reis.

Hackfleisch wird in Margarine gebraten, dazu Salz und Pfeffer wie gewohnt, aber 1/4 Löffel von je Piment und Muskat dazu.

Gar gewordenen Reis in eine große Schüssel tun, Hähnchenfleisch vom Knochen befreien und verkleinert dazu geben, gebratenes Hackfleisch dazugeben, alles vorsichtig mischen und zuletzt, die gerösteten Mandeln darüber decken oder darunter mischen.

Dazu Tomaten-Gurken Salat ,,
oder Joghurt servieren

Sumaya Farhat-Maser

Dawali

Weinblätter gefüllt mit Hackfleisch für 5 Personen

40 Weinblätter
500 gr. Hackfleisch
1 Zwiebel
1 Petersilienbund
Salz - Pfeffer - Tomatenmark
3 Tomaten

Hackfleisch mit der Zwiebel und der Petersilie vermischen, mit Salz und Pfeffer würzen. Weinblätter ausrollen und in jedes Blatt ein Hackfleischbällchen geben. Die Weinblätter darüber falten zu einem Ball. Die Bällchen nebeneinander geordnet in eine Auflaufform geben, darüber 3 Tomaten in Ringe schneiden und verdünntes Tomatenmark als Soße darübergießen, noch einmal mit Salz und Pfeffer würzen.
Im Backofen 45 Minuten bei 200 Grad backen.
Als Beilage zu einem Reisgericht servieren, beschrieben unter dem Rezept für Kifta.

Dazu wird Reis vorbereitet..

Margarine in den Topf auf die Platte bis sie schmilzt. Eine Handvoll zerkleinerte Haarnudeln in die Margarine rösten ohne zu brennen--das geht schnell.!!!! Darüber den Reis geben kurz mitrösten, und dann Wasser , je Milchreistasse eine Tasse Wasser, oder je Langkornreis 1 /2 Tasse Wasser geben. Salz dazu geben je nach Geschmack. Kochzeit für Reis ist 20 Minuten.

Sumaya Farhat-Naser

Ein Stück Brot mit Herzlichkeit geteilt reicht aus,
um hundert Menschen satt zu machen.

aus dem Arabischen

AUBERGINENTOPF NASSLE

1000 gr. Auberginen
500 gr. Zwiebeln
3 Knoblauchzehen
2 Dosen Pizzatomaten
6 EL Öl
1 TL Salz
1/2 TL schwarzen Pfeffer
1/2 TL Rosenpaprika
1 Prise scharfen Paprika
1 Prise Muskat
1 Prise Zimt

Auberginen schälen und in Scheiben schneiden und sofort salzen. Die Zwiebeln schälen und in Streifen schneiden, den Knoblauch zerdrücken. Das Öl in einer großen Pfanne erhitzen, und die Auberginen, die Zwiebeln und den Knoblauch einzeln kurz anbraten. Alles zusammen in einen Topf geben. Tomaten, Wasser und Gewürze beifügen.
Mit geschlossenem Topfdeckel bei schwacher Hitze 1 Stunde kochen lassen.

ARABISCHE LINSENSUPPE

200 gr. braune Linsen waschen und 2 Stunden in Wasser einweichen. Nach den 2 Stunden die Linsen mit dem Einweichwasser in einen großen Topf geben und bis zu 2 l Wasser auffüllen, zum Kochen bringen und zugedeckt 20 min bei mittlerer Hitze kochen lassen. Dann

100gr.geschälte, gewaschene rote Linsen dazugeben.

5 EL Olivenöl

5 Knoblauchzehen und

5 Lauchzwiebeln grob hacken und in dem Öl anbraten. Zu den Linsen geben.

2 große Kartoffeln und

1 rote Paprikaschote und

1 Pfefferschote und

3 Fleischtomaten würfeln und

3 Kohlblätter , kleingeschnitten zu den Linsen geben.

Rosenpaprika und Salz dazugeben und das Ganze noch 20 Minuten kochen lassen.

Mit Fladenbrot servieren.

CHUBES

1000 gr. Mehl
15 gr. frische Hefe
3 Tassen Wasser
1 TL Salz
1 EL Öl

Alles zu einem Hefeteig verarbeiten, warm zudecken, ca. 1. Stunde gehen lassen. Kleine Kugeln formen und diese mit der Nudelrolle zu runden Fladen ausrollen. Die Fladen auf eine Tischdecke legen, warm zudecken und ca. 20. Minuten ruhen lassen. Ofen auf 200 grad vorheizen. Grill einstellen, Fladen auf ein Backblech legen, 5- 10 Minuten von beiden Seiten backen.

Za'tar

100gr. Sesam in der Pfanne rösten, salzen, abkühlen lassen,
100 gr. getrockneten Thymian
50 gr. Sumak, zusammen im Mixer pulverisieren.
Fladenbrot wird in Olivenöl eingetaucht , dann in das Za'tar. Schmeckt köstlich!!!

PLÄTZCHEN NACH DEM REZEPT DER WELTGEBETS-TAGSFRAUEN AUS NAZARETH

500 gr: Butter
250 gr. Puderzucker
1000 gr. Mehl
1/2 Päckchen Backpulver

Butter erhitzen, bis sie flüssig wird und wieder erhalten lassen. Zusammen mit dem Puderzucker lange schaumig schlagen. Mehl und Backpulver dazugeben - notfalls Milch oder Wasser zufügen, damit der Teig geschmeidig wird.Kleine Röllchen formen und in S-Form auf das Blech legen. Mit Pinienkernen oder Mandeln verzieren.

15 Minuten bei 200 Grad backen. Die Plätzchen müssen hell bleiben.

ÄGYPTEN

30 DIN-A-Seiten hatte mein Referat, das ich als 15-jährige Schülerin über Mumifizierung und Pyramiden schrieb. Nicht gerade das Normale für dieses Alter, aber ich war fasziniert von allem, was mit Ägypten zu tun hatte.
Fast 25 Jahre später erlebte ich etwas Ähnliches bei einer ehemaligen Konfirmandin, die sich den Traum einer Reise nach Ägypten kurz nach ihrer Berufsausbildung erfüllte. Neben den Reisebeschreibungen über das Standardprogramm kamen auch immer wieder Einwürfe über das phantastische Essen dort.
Ich war sehr stolz, als ich dann in Münster das Buch über Ägyptische Küche fand und es ihr zu Weihnachten schenken konnte.
Vieles läßt sich nachkochen. Eine Fundgrube für jede Liebhaberin der arabischen Küche.
Probieren Sie es aus und sie werden Ägypten in Zukunft auch damit in Verbindung bringen und nicht nur mit Pyramiden und Pharaonen und dem Nil und dem Auszug aus Ägypten.

KUSCHERI, LINSEN a la KAIRO

2 Tassen trockene Linsen
1 Tasse Reis
6 Tassen Wasser
2 EL Butter

Reis und Linsen werden gewaschen und in einem Topf mit zerlassener Butter ein paar Minuten gedünstet. Dann die Hälfte des Wasser zufügen und auf großer Flamme zum Aufkochen bringen. Auf kleiner Flamme bei offenem Deckel 20 Minuten ziehen lassen. Den Rest des Wasser mit einem Teelöffel Salz zusammenrühren und dazugeben. Dann nochmal 15 Minuten kochen lassen.
In Kairo wird die Kuscheri mit heißer Tomatensosse und goldbraun gebratenen Zwiebelstückchen gegessen.

FÄTTAH

1 kg Lamm - oder Rindfleisch
2 Fladenbrote
3 Tassen Fleischbrühe
5 Knoblauchzehen
2 EL Essig
1 EL Butter
2 Tassen Reis

Das Fleisch wird in kleine Stücke geschnitten und gar gekocht; auch der Reis wird gar gekocht. Das Brot wird kleingeschnitten und mit der heißen Fleischbrühe übergossen. 1 Tasse Essig bleibt übrig, darin wird der Essig verrührt und die feingeschnittenen, in der Butter angedünsteten Knoblauchzehen. Auch dieses wird über das Brot gegossen und alles zusammen mit dem Reis vermischt. Diese Mischung kommt als erstes in tiefe Teller, darauf dann das Gulasch.

Ägyptischer Kartoffelsalat

8 Kartoffeln
4 Peperoni
3 Knoblauchzehen
1 Bund Petersilie
Zitronensoße
Salz und Pfeffer

Die Kartoffeln werden gekocht, gepellt und in Würfel geschnitten, die Knoblauchzehen in dünne Scheiben geschnitten und in der Zitronensosse zerdrückt. Dazu kommen die feingeschnittenen Peperoni. Das Ganze wird dann mit den Kartoffeln vermengt, gesalzen und gepfeffert und mit Petersilie garniert.
In Ägypten ist dieser Salat beliebt zu Fischgerichten.

Gurkensalat mit Tahina

1 Gurke
1 Tasse Tahinasosse
1 Bund Petersilie
Die Gurken werden geraspelt und mit der Tahina-Sosse vermischt. Das Ganze mit Petersilie bestreuen.

Fischfilet in Tomatensosse

6 kleine Fischfilets
1 Dose Tomatenmark
10 Knoblauchzehen
1/2 Bund Petersilie
1 TL Kümmel gemahlen
Salz und Pfeffer, Öl und Mehl

Der Fisch wird gewaschen und abgetrocknet, dann mit den Gewürzen eingerieben. Das Ganze läßt frau eine halbe Stunde einziehen. Anschließend werden die Filetscheiben in Mehl gewendet und im heißem Öl gebraten. Die in Scheiben geschnittenen Knoblauchzehen werden in einem extra Topf angebraten, bis sie gelb sind. Die kleingehackte Petersilie wird mit in der Pfanne angedünstet.
Das Tomatenmark wird in einer Tasse Wasser aufgelöst und dazugegeben. Die Sosse dann aufgekocht, bis das Öl oben schwimmt. Den Fisch in die Sosse legen und 10 Minuten mitkochen

Man kann sich nicht auf einmal
für zwei Tage sattessen

Afrika

SCHAK -SCHUKA ALEXANDRINA

6 Eier
3 kleine Zwiebeln
1 Dose Tomatenmark
1 EL Fett
2 EL Petersilie
Salz und Pfeffer

Die Zwiebeln werden fein gerieben und im Fett gedünstet. Das Tomatenmark wird mit Wasser verdünnt und zu den Zwiebeln gegeben, dazu auch die Petersilie. Das Ganze kocht solange, bis das Fett oben schwimmt. Dann wird mit Salz und Pfeffer abgeschmeckt. Die Eier werden verquirlt und in die kochende Soße gegeben. Ein paar Minuten noch kochen lassen, dann heiß servieren.

Fuhl (braune Bohnen) mit Eiern

500 gr. braune Bohnen
4 Eier
250 gr. Gehacktes
2 Knoblauchzehen - 3 Zwiebeln
1 TL Pfefferminzblätter, Pfeffer und Salz

Die braunen Bohnen gut eine Stunde lang mit den Knoblauchzehen auf kleiner Flamme ziehen lassen. Die kleingehackte Zwiebel und etwas Petersilie mischen und zusammen mit den Gewürzen in Butter dünsten.Das Gehackte kommt in die Pfanne und wird darin gewendet. Wenn das Fleisch angebraten ist, kommen die Bohnen dazu und werden zerdrückt. 10 Minuten läßt frau das Ganze dünsten und gibt dann die Eier hinzu.

LOKMIT EL KHADI

500 gr. Mehl
1 Päckchen Hefe
1 TL Zucker
1 Prise Salz
Puderzucker
1/2 l Öl

Hefe und Zucker solange verrühren, bis die Masse wässrig wird. Eine halbe Tasse warmes Wasser einrühren und alles mit dem Mehl und einer Prise Salz verkneten.Der Teig darf nicht zu fest sein.
Den Teig bedeckt in einem warmen Raum stehen lassen, bis er aufgeht. Aus dem Teig werden danach mit einem nassen Teelöffel kleine Stückchen herausgenommen und in einen tiefen Topf mit heißem Öl gegeben und darin gebacken, bis sie goldbraun sind. In Puderzucker wälzen.

BASBUSSA

500 gr. Grieß
2 Joghurt
1 Backpulver
1 Vanillezucker
3 EL Fett
1 Tasse Zucker
Kokosnuss nach Belieben, Haselnüsse und Mandeln zum Garnieren.

Joghurt und Zucker werden verrührt und eine halbe Stunde stehengelassen. Alle Zutaten außer den Mandeln werden gut miteinander vermischt, auf ein gefettetes Backblech gestrichen und wieder eine halbe Stunde stehengelassen. Der Teig wird diagonal in kleine Stücke geteilt, auf jedes Stück kommt eine Mandel. Im auf 200 Grad vorgeheiztem Ofen eine knappe Stunde backen lassen.
Auf den heißen Kuchen können Sie Zuckerguß geben.

SÜSSE SCHÄAREYA

250 gr. haarfeine Nudeln
2 EL Fett
Zucker und Milch, etwas Wasser

Die Haarnudeln werden in Butter hellbraun geröstet; etwas Wasser wird dazugegossen und sie werden dann gekocht, bis sie gar sind. Die Nudeln werden mit Zucker bestreut. Vor dem Servieren wird heiße Milch darübergegossen.

Milchreis a la Nofretete

2 Tassen Milchreis
4 Tassen Milch
3 Tassen Wasser
1 Tasse Zucker
2 Päckchen Vanillezucker
1 EL Stärke
1 EL Rosenwasser
Kokosflocken, Zimt und gehackte Nüsse

Den Reis gut waschen und mit dem Wasser zusammen zum Kochen bringen. Wenn der Reis gar ist, Zucker und Milch darin verrühren, bis der Zucker sich aufgelöst hat. Die Stärke in kaltem Wasser auflösen und dazugeben. Unter ständigem Rühren 5 Minuten kochen lassen. Vom Ofen nehmen und das Rosenwasser dazugeben. Mit Kokosflocken, Zimt und Nüssen verzieren. Kann warm oder kalt gegessen werden.

EUROPA

Sweden
Norwegian Sea
Finland
Faroe Islands (Denmark)
Norway
1984 Schweden
c Ocean
Estonia
1966 Schottland
Latvia
1972 Europa
Denmark
Lithuania
1982 Irland
Russia
Bel
Neth.
1951/ 1992 BRD
1977 DDR
Poland
Belgium
1990 Tschechoslowakei
Lux.
Slovakia
1964 (Frankreich)
1992 Österreich
1957 (Ungarn)
1962/1992 Schweiz
Roma
Slovenia
Croatia
Bos.& Herz.
San Marino
Serbia
Bu
Monaco
Italy
Mont.
Mace.
Spain
Alb.
Greece
Mediterranean Sea

EUROPA

1951 Die völlige Liebe treibt die Furcht aus
Else Niemöller und Hildegard Schaeder, Deutschland

1957 Wer will uns scheiden....?
Ost: Ist Gott für uns, wer mag wider uns sein?
Serena Vassady, Ungarin im Exil

1964 West: Herr, lehre uns beten!
Ost: Daß sie alle eins seien
Madeleine Barot, Frankreich/Weltkirchenrat

1966 Ihr seid meine Zeugen
WGT-Frauen aus Schottland

1972 West: Aus der Freude leben
Ost: Freut euch
WGT-Frauen aus Europa

1977 Liebe wird zur Tat
WGT-Frauen aus der Deutschen Demokratischen Republik

1982 West: Volk Gottes - im Beten und Handeln
Ost: Versammelt unter Gottes Wort - verstreut in Gottes Welt
WGT-Frauen aus der Republik Irland und Nordirland

1984 Hoffnung in Christus - Quelle des Lebens
WGT-Frauen aus Schweden

1990 Unsere Hoffnung - Gerechtigkeit für alle
WGT-Frauen aus der Tschechoslowakei

1992 In Weisheit mit der Schöpfung leben
WGT-Frauen aus Österreich, der Bundesrepublik Deutschland und der Schweiz

BUNDESREPUBLIK DEUTSCHLAND ÖSTERREICH - SCHWEIZ 1992

„In Weisheit mit der Schöpfung leben“

„Können wir als ökumenische Weltgebetstagsgruppe auch noch etwas anderes machen, außer Weltgebetstag?“
Der WGT 1994 aus Palästina ließ uns noch mehr zusammenarbeiten als sonst. Und nach dem ganzen Ärger hatten wir uns „ etwas anderes“ auch redlich verdient.
Und so machen wir uns seitdem einmal im Jahr, meist direkt nach dem WGT auf den Weg:
Hiddensee brachte die Frauen als Gruppe näher zusammen; vom Gardasee aus besuchten wir die deutsche Gemeinde in Bozen und nahmen dort an einem Auswertungstreffen der dortigen WGT-Frauen teil;in Prag gestaltete Marie Ulrichova unser Programm entscheidend mit und empfing uns zu einem Abendessen mit den Prager WGT-Frauen;
im Erzgebirge, in Schneeberg, erlebten wir den WGT am Sonntag nach.
Die Rezepte der Prager WGT- Frauen mit Grußwort stehen extra, aus Deutschland haben wir vornehmlich Rezepte aus dem Osten, von Hiddensee bis zum Erzgebirge, die österreichischen aus Erinnerungen, vom österreichischen Komitee und von den Bozener Frauen.

SOLJANKA

500 gr. Schweinekamm
200 gr. Jagdwurst
200 gr. Mettwurst
4 Zwiebeln
4 Gurken
1/4 l Gurkensaft
1 große Flasche Tomaten-
ketchup
1 1/2 Glas Weißwein
4 Kapern

Schweinekamm mit Zwiebeln anbraten, Wurststückchen dazugeben und miteinander verrühren, Ketchup und Kapern dazugeben und aufkochen lassen. Zuletzt Die Gurken, den Gurkensaft und Wein hineingeben und aufkochen lassen. Zum Schluß wird das Ganze noch einmal mit 3/4 l Wasser aufgekocht.

HIDDENSEER AALSUPPE

750 gr. Aal
1 Bund Suppengemüse, zerkleinert
500 gr. Kartoffeln, gewürfelt
4 EL Butter

Für die Klöße: 6 EL Mehl
2 Eier
etwas Wasser
Sultaninen

Den gewaschenen und geputzten Aal in kleine Stücke schneiden und salzen.
Suppengrün um Salzwasser gar kochen, dann den Aal und die Kartoffelstückchen dazugeben und zuletzt die zu einem weichem Teig verarbeiteten Kloß-Zutaten.
Mit einer Prise Salz und Zucker abschmecken und mit der Butter verfeinern.

GESALZENER AAL

EInen schon längere Zeit eingesalzenen Aal eine Nacht ausfrischen und in kleine Stücke schneiden. Aufkochen lassen. Dazu eine Soße aus selbstgesammelten und zubereiteten Senf und Salzkartoffeln reichen.

HIDDENSEER SCHMORAAL

750 gr. Aal
4 EL Butter
2 Zwiebeln in Scheiben
Salz

Für die Schwitze: 2 EL Butter
2 EL Mehl
Salz
Pfeffer
1/2 l Wasser

Den Aal waschen, putzen, in fingerdicke Stücke schneiden und salzen. Die Butter erhitzen und die Zwiebelscheiben darin glasig dünsten. Den Aal zugeben und bei niedriger Hitze schmoren. Aus Butter, Mehl und Wasser eine hellbraune Schwitze herstellen, mit Salz und Pfeffer abschmecken und die Aalstücke darin garziehen lassen.

GESALZENER DORSCH

Zubereitung wie der gesalzene Aal.

ERZGEBIRGISCHER SONNTAGSBRATEN

2 Kaninchenkeulen
1 Kaninchenrücken
50 gr. Bauchspeck
40 gr. Margarine
3 Zwiebeln
2 Gewürzgurken
2 Scheiben Schwarzbrot
Salz und Pfeffer
2 Lorbeerblätter
Thymian

Die gut gewaschenen Kaninchenkeulen und den gehäuteten Rücken roh in Portionsstücke von etwa 150 gr. teilen und zwei Tage in Buttermilch, gewürzt mit Lorbeerblättern, etwas Thymian, Salz und Pfeffer, einlegen, zudecken und kühl stellen. Dann das Fleisch aus der Marinade nehmen, gut abtropfen lassen, in einer Mischung von ausgelassenen Speck und Margarine scharf anbraten, grobe Zwiebelwürfel dazugeben und alles ein wenig durchschwitzen lassen. Mit einer halben Tasse Wasser ablöschen, nach und nach die durchgeseihte Buttermilchmarinade auffüllen und das Fleisch in der Soße auf kleiner Flamme zugedeckt etwa 60 Minuten garen lassen, Gurken in kleinen Würfeln untermengen, Schwarzbrot in Stückchen schneiden, oder reiben und damit die Soße binden. Alles gut durchziehen lassen. Als Beilagen werden grüne Klöße oder Kartoffelpüree, sowie Rotkraut oder Rosenkohl gereicht.

Bernd Böhm, Schneeberg

SCHNEEBERGER SCHWAMMEFLEISCH

600 gr. schieres Schweinefleisch
200 gr. Waldpilze
4 Zwiebeln
200 gr. Tomatenmark
Pfeffer und Salz
1/4 l Brühe
1/8 l Sahne
100 gr. magerer Speck

Den kleingeschnittenen Speck auslassen. Fleischwürfel darin gut durchbraten. Gewürfelte Zwiebeln und Pilze dazugeben und mit Salz und Pfeffer würzen, Tomatenmark hinzufügen, mit Brühe ablöschen, durchkochen lassen und Sahne an die Soße rühren. Als Beilagen eignen sich Kartoffelklöße oder Petersilienkartoffeln und Salate je nach Jahreszeit.

Bernd Böhm,
Schneeberg

SÄCHSISCHE QUARKKÄULCHEN

500 gr. Pellkartoffeln
250 gr. Quark
100 gr. Mehl
50 gr. Zucker
1 - 2- Eier
Salz - Bratfett - abgeriebene Zitronenschale

Die kalten Pellkartoffeln reiben. Mit Quark, Mehl, Zucker, Eier und Gewürzen vermischen. Es können auch noch Korinthen zugefügt werden. Mit bemehlten Händen den nicht zu weichen Teig zu Kugeln formen, breitdrücken und in heißem Fett auf beiden Seiten goldbraun braten.
Die Käulchen können mit Zimt und Zucker bestreut werden.
Guten Appetit wünscht
Eva-Maria Marcinowski

PIKANTE PILZE

750 gr. Mischpilze frisch oder aus der Dose
500 gr. Kartoffeln
40 gr. Fett
50 gr. Zwiebeln
1/4 l Brühe
1 EL Senf
Kräuteressig - Salz -Zucker - Pfeffer

Die Pilze in Scheiben schneiden und andünsten, dabei sondert sich Pilzsaft ab.
Die Zwiebelwürfel und das Mehl in dem Fett leicht bräunen. Mit Brühe und dem Pilzsaft auffüllen. Die gewürfelten , gekochten Kartoffeln und die Pilze hinzufügen.
Mit den Gewürzen herzhaft abschmecken.

Diese pikanten Pilze werden im Erzgebirge zubereitet, wenn der Sammler oder die Sammlerin zu wenig Pilze im Wald finden. Deswegen können die Zutaten auch variiert werden.
Eva-Maria Marcinowski

Vom Neunerlei zu Heiligabend

Punkt 18.00 Heiligabend steht auf jedem Tisch im Erzgebirge das „Neunerlei". 9 verschiedene Gerichte, die alle auch ihre eigene Bedeutung haben. Von Dorf zu Dorf gibt es Abweichungen, aber zum Grundbestandteil gehören folgende Dinge:

1. Sauerkraut, um gesund zu bleiben

2 Zwiebeln in Scheiben schneiden, in heißem Fett andünsten,
500 gr. Sauerkraut dazugeben, mit ein wenig Salz, etwas Zucker, einem Lorbeerblatt und 3-4 zerdrückten Wacholderbeeren würzen und möglichst ohne Zugabe von Flüssigkeit zugedeckt gardünsten. (In Sachsen und dem Erzgebirge bindet man den Sauerkrautsaft noch mit ein bis zwei geriebenen rohen Kartoffeln und schmeckt Kümmel ab.)

2. Bratwurst darf nicht fehlen

Rostbratwürste von beiden Seiten gut anbraten und auf dem Sauerkraut anrichten

Fleisch von Tieren aus den drei Reichen, aus der Luft, aus dem Wasser und von der Erde gehören

3. Gänsebraten

1 Bauern- Gans (2-3kg) - Salz- Schwarzen Pfeffer
2 Beifußzweige
2 Zwiebeln
1 Bd. Suppengrün
1/8 l Fleischbrühe
110 gr. sahne
Den Beifuß in die Bauchhöhle legen, die Gewürze in eine Fettschüssel mit etwas Wasser unter die Gans legen, die **auf** einem Bratrost im Ofen liegt. Die Gans bei 200 Grad ca. 2 3 Stunden unter mehrmaligen Wenden braten, 20 Minuten vor Ende der Bratzeit mehrmals mit Fleischbrühe begießen Die Sauce aus der Fettpfanne durch ein Sieb in einen Topf gießen, entfetten und mit der Sahne verfeinern-

4. Kirmes-Karpfen

1 großen Karpfen ,
750 gr. Gemüse (Karotten, Sellerie, Kohlrabi)
4 Zwiebeln
250 gr. Butter
- Lorbeerblatt - Pfeffer - Salz , etwas 3/8 l Wasser
Gemüse - portionierten Karpfen- Salz - Gewürze - in Scheiben geschnittene Butter schichtweise in einer Pfanne anordnen . Wasser zum Dünsten nehmen. Zum Schluß mit brauner Butter übergießen.

5. Selleriesalat

==============

1 mittelgroße Sellerieknolle
3 EL Essig
1 EL Öl
1 Msp Zucker, Pfeffer, Salz, einige Tropfen Suppenwürze
Den Sellerie weich koch, mit Essig übergießen, un dann mit der Sauce übergießen und mindestens einen halben Tag durchziehen lassen.

6. Griene Klöße

===============

1 kg rohe, 1/3 kg gekochte Kartoffeln, etwas Salz, 2-3 Löffel Kartoffelmehl, Semmelwürfel.
Die geschälten rohen Kartoffeln reiben und in einem Säckchen oder Leintuch ausdrücken, bis kein Wasser mehr austritt. Die Masse salzen, mit siedendem Wasser bebrühen und anschließend mit Kartoffelmehl bestäuben.
Die gekochten und geschälten Kartoffeln ebenfalls reiben und dazugeben. Den Teig gut durchkneten und mit angefeuchteten Händen daraus runde Klöße formen. In die Klöße Semmelwürfel kneten. Die Klöße in kochendes Salzwasser r geben un ohne Deckel kurz kochen - danach etwas 20 Minuten lang mit Deckel ziehen lassen.

Etwas Quellendes gehört ebenfalls dazu, z. B. eine Linsensuppe:

7. Linsensuppe aus dem Erzgebirge

400 gr. Linsen über Nacht einweichen. Am nächsten Tag knapp mit Wasser bedeckt weichkochen. Wenn das Wasser fast verbraucht ist, 1 1/2 l Brühe dazugießen und alles erneut aufkochen lassen. 100 gr. geräucherten Speck in der Pfanne anbraten und auslassen, 1 EL Mehl dazugeben, etwas von der Linsenbrühe unterrühren und die Mehlschwitze in die Suppe einrühren. Mit Salz, einer Prise Zucker und Essig abschmecken.

Einen Nachtisch gibt es natürlich auch, meistens

8 Heidelbeergetzen

Aus 500 gr. Mehl, 4 Eiern,, 3/4 l Milch, 3-4 EL Mineralwasser wird ein dicker Eierkuchenteig hergestellt. In einer Pfanne 100 gr. Hartfett erhitzen und die Getzenmassen etwa 1 cm dick gleichmäßig einfüllen, die gewaschenen 1 kg Heidelbeeren sofort auf dem Teig verteilen und den Getzen in der Röhre etwa eine 1/2 Stunde lang backen. Vor dem Auftragen dick mit Zucker bestreuen und noch warm, aber nicht zu heiß servieren.
(Es kann natürlich auch anderes Obst genommen werden).

Und zum Abschluß gehört dann unbedingt dazu:

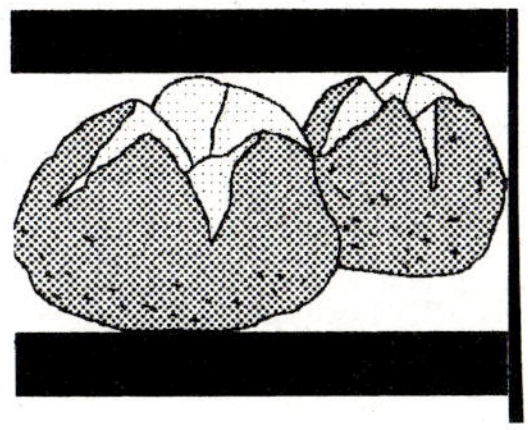

9. Semmelmilch

500 gr. Semmeln vom Vortag werden zerbröckelt und in eine Schüssel gegeben, mit 1 1/2 l Milch übergoßene, und dann gewartet bis die Semmeln weich sind. 125 gr. Zucker werden mit einem Quirl untergerührt, dann 100 gr. gehackte Haselnüsse untergemischt. Alles wird dann 10 Minuten stehengelassen. 1 Päckchen Vanillezucker wird untergerührt

Die Familien essen die Semmelmilch aus einer Schüssel, der Vater trinkt den letzen Rest aus. Salz und Brot liegen in einem Tischtuch eingeschlagen während des Essens auf dem Tisch, damit der Segen über dem Haus liegt.

Rührkuchen Lübecker Art

150 gr. Butter
150 gr. Zucker
4 Eier
3 Kaffeelöffel Nescafe
300 gr. Mehl
1/2 Päckchen Backpulver
1 Tafel Mokkaschokolade
Mokkabohnen

Die Eier werden getrennt und die Schokolade geraspelt. In einer Schüssel werden Butter und Zucker schaumig gerührt, dann das Eigelb und der Nescafe dazugegeben. Mehl und Backpulver werden gesiebt auf die Masse gegeben; das steifgeschlagene Eiweiß und die geraspelte Schokolade werden unter den Teig gezogen.
In einer Kastenform ca. 45 Minuten bei 200 Grad backen.

Liebe Frauen des
Deutschen Weltgebetstages

aus dem südlichen Nachbarland grüssen wir Euch ganz herzlich zu Eurem 50. Jubiläum. Wir wünschen Euch zu diesem bedeutungsvollen Ereignis, dass Ihr weiterhin

genährt werdet durch die lebensspendende Kraft Gottes

gewandelt werdet durch die bewegende Kraft Gottes

getragen werdet durch die unermessliche Liebe Gottes.

Wir freuen uns, mit Euch unterwegs zu sein, Jahr für Jahr Nähe und Verschiedenheit zu entdecken und dadurch bereichert zu werden.

Herzlich,
Schweizerischer Weltgebetstag
Dorli Crabtree, Nationales Komitee

ROMANISCHE SCHWEIZ

CAPUNS

600 gr. Mehl
1 Ei, Wasser, etwas Salz:
aus diesen Zutaten einen dicken Spätzliteig zubereiten.
3 Bund Petersilie,
1 Zweig Selleriekraut,
1 Zweig Minze, ev. noch andere frische Kräuter; das alles fein hacken und unter den Teig mischen.
4 Landjäger
100 gr. Speckwürfel
sehr fein gewürfelt ebenfalls dem Teig beigeben.

Von ca. 40 bis 50 Blättern Schnittmangold die Stiele wegschneiden, das Ganze waschen, gut abtropfen lassen und auf jedes Blatt einen EL Teigmischung geben. Dann das Blatt von allen Seiten her gut einschlagen, ganz leicht flachdrücken und in einer Teflonpfanne mit sehr wenig Öl beidseitig kurz anbraten. Dann schichtet man diese „Päckli" in eine Pfanne, übergiesst sie mit kochendem Wasser und lässt sie ca. 15 Minuten kurz vor dem Siedepunkt ziehen. Hernach wird das Wasser abgegossen und die Capuns werden mit Reibkäse serviert.
In einigen Regionen werden die fertigen Capuns mit Butter und Reibkäse im Ofen überbacken oder in einer Sauce aus etwas Bouillon und Rahm oder Sauerrahm serviert.

Deutsche Schweiz

Gummelisuppe (Kartoffelsuppe)

2 gehäufte EL Mehl in Fett goldgelb rösten (nicht zu dunkel).

1 l Gemüsebrühe zum Ablöschen dazugeben;

4 große Kartoffeln in kleine Würfel schneiden und dazugeben;

1 Zwiebel mit einem Lorbeerblatt und 2 Nelken zugeben;

das Ganze ca. 1/2 Stunde leisen kochen lassen.

Beim Anrichten Peterli (Petersilie) und Schnittlauch beigeben.

FRANZÖSISCHE SCHWEIZ

Lauchtopf Waadtländerart

1 kg Lauch
600 gr. Kartoffeln
1 gehackte Zwiebel
3 EL Butter
Muskat - Pfeffer aus der Mühle - Salz
1/4 l Gemüsebouillon
1/2 l Weisswein (trocken)
1 Waadtländer Saucisson (Kochwurst) á 500 gr.
100 gr. saurer Halbrahm (Schmand)

Lauch und Kartoffeln in 5 mm dicke Scheiben schneiden. Mit den Zwiebeln in Butter andämpfen und würzen. Mit Wein und Bouillon ablöschen. Saucisson mit einer Nadel einstechen und auf das Gemüse legen. Das Ganze zugedeckt 20 Minuten garen. Wurst herausnehmen und in Scheiben aufschneiden. Rahm zugeben, abschmecken, die Herdplatte abstellen und Wurst wieder auf das Gemüse legen. Das Ganze zugedeckt weitere 10 Minuten ziehen lassen.

Italienische Schweiz

Tessiner Risotto mit Steinpilzen

400 gr.ital. Risotto-Reis (Arborio oder Vialone)
50 gr. getr. oder 500 gr. frische Steinpilze (getrocknete Pilze müssen vorher eingelegt werden)
1/2 - 1 dl Weißwein
ca. 1 1/2 l heisse Bouillon
1 Zwiebel
Safran
geriebenen Parmesankäse

Die Zwiebel fein hacken, in ein wenig heissem Öl andünsten, den Reis beigeben und noch kurz etwas weiterrühren. Dann werden die Pilze beigegeben und mit dem Weisswein abgelöscht. Den Reis auf mittlerem Feuer weiterkochen, dabei aber nach und nach immer wieder Bouillon zugießen. Das Ganze muß ständig mit einer Holz- oder Plastikkelle gut umgerührt werden. Nach Belieben kann noch eine MS Safran beigefügt werden. Das Gericht wird serviert, wenn der Reis noch leicht körnig ist und es soll noch ganz wenig Flüssigkeit vorhanden sein. Am Tisch wird geriebener Parmesan reichlich darüber gegeben.

APPENZELLER CHÄSHAPPEN

150 gr. Appenzeller Käse
4 Eier
1/4 l Milch
1/5 l Bier
4 EL Mehl
1/2 TL Backpulver

Käse in die auf dem Herd stehende Milch rühren, bis sich eine schöne gleichmäßige Creme gebildet hat. Zudecken und abkühlen lassen. Mehl im Bier glattrühren und unter ständigem Rühren zur Käsecreme geben, ebenso ein Ei nach dem anderen.
Die Masse muß einem dickflüssigen Omeletteteig gleichen, also ev. 1- 2 EL Mehl zufügen. In einer gußeisernen Pfanne Backfett erhitzen und durch einen Trichter den Käseteig schneckenförmig in das Fett gießen. Das Gebäck muß rundherum schön gebräunt und knusprig sein.

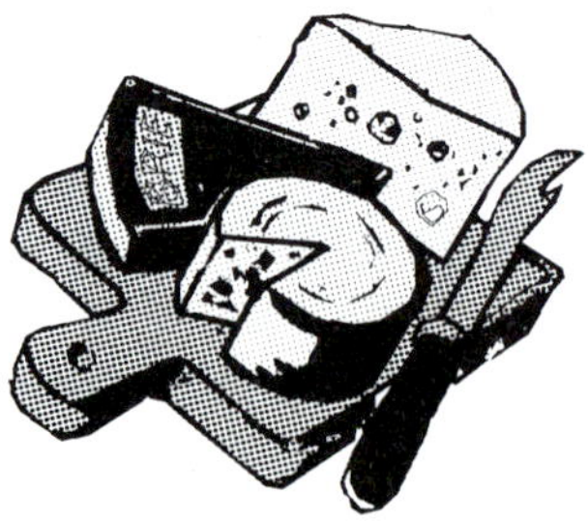

St. Galler Klostertorte

150 gr. Butter
100 gr. Zucker
100 gr. geriebene Mandeln
300 gr. Mehl
50 gr. Milch
2 EL Kakao
1 TL Zimt
1 TL Backpulver
1 Ei
1 Tasse Konfitüre

Für den Teig rühren wir Butter und Zucker schaumig, geben Mandeln, Kakao, Zimt, Milch sowie das gesiebte Mehl und Backpulver dazu und arbeiten alles rasch zu einem geschmeidigen Teig. Er soll sich vom Schüsselrand lösen und gut zusammenhalten. Eine halbe Stunde kalt stellen.

Mit der Hälfte des Teiges wird eine gefettete und bemehlte Springform ausgelegt, die andere Hälfte wird noch einmal geteilt und aus der einen Hälfte 2 Rollen geformt, die miteinander verschlungen werden und die auf dem Boden am Rand mit etwas Eiweiß festgeklebt werden. Die Mitte wird mit Konfitüre gefüllt, der restliche Teig wird als Gitter über den Konfitürenbelag gelegt. Die ganze Oberfläche wird mit Eigelb bestrichen und das Ganze bei ca. 180 grad rund 45 Minuten gebacken.

Eidgenossenkaffee

Für 1 Person:
⅛ l starker Kaffee,
2 TL Zucker,
1 Schuß Birnenbranntwein (oder -geist),
1 Schuß Kirschwasser,
1 Schuß Zwetschenwasser

Den starken, heißen Kaffee mit Zukker süßen. Birnenbranntwein, Kirschwasser und Zwetschenwasser dazugeben und umrühren – sofort servieren.

Der Eidgenossenkaffee kommt aus der Schweiz. Genauer gesagt stammt er aus den Kantonen Schwyz, Uri und Unterwalden. Er ist gerade das richtige Getränk für Leute, die ihre Lebensgeister in kurzer Zeit wecken wollen oder müssen!

Café Noisette

Für 1 Person:
1 Tasse starker Kaffee,
1 Likörglas flüssige Schlagsahne,
1 Gläschen Kirschwasser (2 cl)

Vorgewärmte Tasse zu drei Vierteln mit starkem Kaffee füllen, Sahne zufügen. Darauf kommt das Kirschwasser. – Für alle, die mögen, stellen Sie Zucker dazu.

Der Café Noisette kommt aus der Schweiz. Obgleich keine Nüsse darin sind, schmeckt er danach – sagen die Schweizer. Daher auch der Name Noisette!

Sehr geehrte Damen,
liebe Freundinnen im Deutschen Weltgebetstagskomitee !

Wir haben ja einen weiten Weg vor uns in unseren Bemühen um Gerechtigkeit und Frieden,
oft erscheint uns das Ziel unerreichbar, und doch wissen wir, wir können nicht aufgeben.

Da ist es gut, wenn es unterwegs einen Grund zum Feiern gibt, eine Raststation zum Innehalten, zum Zurückschauen und um den Weg neu zu überdenken, eine Raststation auch, um einander zu treffen, zu ermutigen und mit einander die Freude zu teilen über das, was schon gelungen ist.

So freuen wir uns mit Euch über das 50-jährige Bestehen des WGT in Deutschland und grüßen zu diesem besonderen Anlaß herzlich aus Österreich.

Margarete Fidorer

Vorsitzende
des Ökumenischen Nationalkomitee für den Weltgebetstag in Österreich

WIENER TAFELSPITZ

1 kg mageres Rindfleisch
aus der Hinterkeule
500 gr. Knochen
2 Möhren
1 Stange Porree
etwas Petersilie
1 Zwiebel
6 Pfefferkörner
Salz

2 L Wasser mit den Knochen und dem Salz zum Kochen bringen. Das Fleisch, das geputzte Suppengrün, die geschälte Zwiebel und die Pfefferkörner hinzugeben. Die Suppe einmal aufkochen lassen und dann die Hitze kleinstellen. Nach einer Stunde den weißen Schaum mit einem Schaumlöffel abheben und das Fleisch in - 3 Stunden garziehen lassen. Das Fleisch in fingerdicke Scheiben schneiden und auf eine vorgewärmte Platte geben. dazu gibt es geraspelten Meerrettich mit Sahne.

ÖSTERREICH

TIROLER SPECKKNÖDEL

6 alte Semmeln, schwach 1/4l Milch, 2-3 Eier, 10dag geräucherten Speck, 15dag geräucherte Wurst oder Selchfleisch, 1/2 Zwiebel, Petersilie, Schnittlauch, ca.10dag Mehl, Salz, Salzwasser.

Die Semmeln werden kleinwürfelig geschnitten, die Eier mit der Milch versprudelt und dann mit den Semmelbrocken vermischt. Speck und Wurst werden ebenfalls klein geschnitten und zur Masse gegeben, ebenso die angeröstete Zwiebel, die Petersilie und der Schnittlauch. Schließlich wird das Mehl darübergestreut und und dann alles gut zusammengemischt. Die Masse soll eher fest sein und nicht schmieren.
Mit nassen Händen werden Knödel geformt und ins leicht kochende Salzwasser eingelegt.
Nach rund 12 Minuten nimmt man einen Knödel heraus, sticht ihn auseinander und schaut, ob er durch ist (er darf innen nicht mehr teigig sein).

Nach Tiroler Brauch ißt man den ersten Knödel in der Suppe, den 2.zum Sauerkraut, den dritten zum Schweinsbraten und den 4.zum Salat.
Wer dann noch kann, der fängt von vorne wieder an.

Kärntner Nudeln

sind eine besonders geschätzte Spezialität in unserem Land, es ist ein Nudelteig mit Fülle.

Der **Nudelteig** sollte früher zubereitet werden, damit er ½ oder besser 2 Stunden rasten kann, damit er geschmeidig wird:

Ein Ei verrührt man mit ½ Tasse (je nach Menge) lauwarmen Wasser, gibt etwas Salz hinzu und vermischt es mit dem Mehl (glattes macht den Teig weicher). Für jede Nudel braucht man etwa 20 g Mehl, pro Person 3 – 4 Nudeln. Den Teig gut verkneten, ein paar Tropfen Öl hinzu geben. Wenn er nicht mehr klebt, kann man ihn in eine warme Schüssel legen, mit wenigen Tropfen Öl vor dem Austrocknen schützen und gut abdecken (Tupperware).

Die Fülle soll eher trocken sein. Sie können selbst probieren: Gekochte Kartoffeln mit Speck oder/und Kraut gut vermischt und gut gewürzt, auch gedünstete Äpfel usw.
Für die klassischen **Topfennudeln** brauchen sie trockenen Quark, besser ist „Bröseltopfen", den Sie mit gekochten Kartoffeln, etwa 1:1 vermischen. Dazu geben Sie Petersilie, auch Schnittlauch, Salz......... Für den typischen Geschmack brauchen Sie noch „Grüne/Braune Minze", viele geben auch Kerbel hinzu, probieren Sie Ihre Mischung.

Jetzt rollen Sie den Teig eher dünn aus, stechen etwa 10 cm Ø Kreise aus und belegen diese zur Hälfte mit der Fülle, dann klappen Sie die andere Hälfte drüber und drücken die Ränder zusammen (evt. etwas befeuchten).
Versuchen Sie, den Teigrand beim Zusammendrücken immer wieder ein bißchen „nach hinten" zu drücken, zu krendeln. Legen Sie die Nudeln auf einem bemehlten Brett zum Kochen bereit.
Sie sollten reichlich Wasser nehmen, geben Sie Salz und ein paar Tropfen Öl hinzu, lassen Sie die Nudeln ins kochende Wasser gleiten, lösen Sie sie vorsichtig vom Topfboden, damit sie schwimmen; etwa 10 Minuten nur leicht kochen lassen bis sie gar sind und dann herausheben. Sie können sie nebeneinander auf einer Platte anrichten.
Dazu reicht man heiße/braune Butter, auch Salate passend zur Fülle.

Geben Sie nicht auf, wenn es nicht beim ersten mal so ganz gelingt, jede Kärntnerin hat noch ihre Zeit gebraucht, bis sie es im „Griff hatte", aber es hat sich immer gelohnt.

Sachertorte

Für die Sachertorte gibt es soviele verschiedene Rezepte, wie es wohl Bäcker und Bäckerinnen gibt. Dieses Rezept habe ich von einer Köchin aus Hollabrunn in der Nähe von Wien.

125 gr. Butter
125 gr. Zucker
125 gr. geriebene gute Zartbitter-schokolade
25 gr. Vanillezucker
7 Eier
125 gr. leicht erwärmtes gesiebtes Mehl
selbstgemachte Aprikosenkonfitüre
bittere Schokoladenglasur

Butter und Zucker werden schaumig gerührt, mit der mit 1 EL Wasser geschmolzenen und wieder erkalteten Schokolade löffelweise vermischen, dann die gut verquirlten Eidotter beifügen; nun den sehr festen Eischnee und dann erst in mehreren Etappen das Mehl dazugeben; in eine mit Butter gefettete Springform geben, im vorgeheiztem Ofen bei Mittelhitze backen, nach dem Auskühlen stürzen und zwei Tage ruhen lassen, dann teilen, mit Konfitüre bestreichen, wieder zusammensetzen, obenauf mit Konfitüre bestreichen, sie trocknen lassen und dann mit Schokoladenglasur überziehen.

Kaiserschmarrn

2 EL Rosinen
4 Eigelb
50 gr. Zucker
1/ 8 TL Salz
1/2 l Milch
1/8 TL Vanilleextrakt
150 gr. gesiebtes Mehl
5 Eiweiß
60 gr. zerlassene Butter
Puderzucker

Die Rosinen eine halbe Stunde lang in etwas Rum einweichen (Wasser geht auch), dann ausdrücken und trocknen. Eigelb, Zucker und Salz werden so lange geschlagen, bis sie hellgelb und dickflüssig sind. Dann kommen Milch, Vanilleextrakt und nach und nach das Mehl dazu. Wenn alles reichlich verrührt ist, gibt man die Rosinen hinein. Unter diesen Teig wird nun das sehr steif geschlagene Eiweiß gehoben. Der Eischnee muß so steif sein, daß er in unbeweglichen Spitzen am Schläger hängenbleibt. Wenn das Weiße restlos im Teig verschwunden ist, erhitzen wir 1 EL Butter in einer etwa 20 cm großen Pfanne. Die Hälfte des Teigs kommt hinein, etwa 0,5 cm hoch, und wird etwa 4 Minuten bei kleiner Flamme erhitzt. Dann ist der Teig aufgegangen und an der Unterseite leicht braun. Dann wird er aus der Pfanne herausgenommen, noch einmal wird Butter erhitzt und die andere Seite gebacken. Der fertige Kaiserschmarrn wird mit zwei Gabeln in etwa 6 unregelmäßige Stücke gerissen und mit Puderzucker bestreut. Dazu gibt es Kompott

Kafi fertig

Das Grundrezept

Heißer Kaffee für ½ Kaffeeglas, viel Zucker, Obstgeist

Ein Kaffeeglas mit heißem Kaffee zur Hälfte füllen. (Praktisch ist Pulverkaffee.) Viel Zucker darin verrühren, bis er sich nicht mehr löst. Dann mit gebranntem Obstwasser auffüllen – wenn man durchs Glas die Zeitung lesen kann, ist der Schweizer Eidgenosse zufrieden.

Kafi Hans

1 Glas Kirschwasser, 1 gehäufter TL gefriergetrockneter Kaffee, 1 gehäufter TL Zucker

„Hans“ nimmt ein kleines Pfännchen, erwärmt darin den Schnaps und zündet ihn an. Dann streut er das Kaffeepulver und den Zucker hinein. Achtung, Vorsicht – jetzt entsteht ein Feuerwerk, das gleichzeitig die Flamme löscht; nun den Rest trinken. Er ist so gefährlich herrlich – sagt der Schweizer!

Kaisermelange

Für 1 großes Kaffeeglas:
1 Eigelb,
1 TL Honig,
2 EL Cognac (oder Weinbrand),
2 EL flüssige Sahne,
1 Tasse starker, heißer Kaffee

Eigelb, Honig, Cognac und Sahne gut verquirlen, in ein großes Kaffeeglas gießen, dann mit dem heißen Kaffee gut verrühren.

Kaisermelange ist das klassische Rezept aus dem für Fremde sehr verwirrenden Wiener Kaffeeangebot.

Wiener Fiaker

Für 1 Tasse:
¾ Tasse heißer Kaffee,
2 TL Kirschwasser,
1 TL Zucker,
1 TL flüssige Sahne,
etwas geschlagene Sahne

Zu dem heißen Kaffee das Kirschwasser geben, Zucker und flüssige Sahne darin verrühren. Mit einem Häubchen aus geschlagener Sahne dekorieren

"Einer trage des andern Last,
so werdet ihr das Gesetz
Christi erfüllen". Gal 6,2.

Liebe Schwestern in Jesu Christi,

Mit diesem Bibelwort grüsst unser "junges" WGT-s Komittee ganz herzlich an dem fünfzigsten Jahrestag Ihr Komitte und Ihre WGT-s Arbeit.

Wir denken an Sie mit Dank, und wir sind froh über Ihre viele Hilfe, Ermutigung und Unterstützung! Wir haben davon immer Mut und Kraft gewonnen.

Möge Gottes Segen Sie weiterführen an Ihren Weg und in Ihrer Arbeit.

Wir grüssen Sie und beten
für Sie an Ihrem schőnen Fest:

WGT-s Komitte Mitgliedern
aus Ungarn

[illegible]
[illegible]
Hafenscher Károlyné
Sárkány Tiborné
Pántos Jánosné
[illegible]
Csernák Erzsébet

Klara Kovács

1957: Serena Vassady, Ungarin im Exil

Wer will uns scheiden....?
Ost: Ist Gott für uns, wer mag wider uns sein?

Mitglieder des
ungarischen Weltgebetstagskomitees 1998

UNGARN

"Ad retinendam coronam" - zur Verteidigung der damaligen ungarischen Grenze holte der ungarische König im 13. Jahrhundert Siedler aus dem Moselgebiet in den Karpatenbogen, an die Ostgrenze seines Reiches, die heute in Rumänien liegt. Die Siebenbürger Sachsen brachten nicht nur ihre eigene Kultur mit und pflegten sie, sondern sie waren auch bereit, von den anderen Völkern im Land zu lernen. Und so übernahmen sie von den ungarischen Szeklern auch eine ganze Reihe von Rezepten.

Einige unserer Siebenbürger Frauen aus der Gemeinde kochen regelmäßig einmal im Monat für alle in der Gemeinde, die zum Essen kommen möchten, nach diesen Rezepten.

Von diesen Rezepten haben wir die erfolgreichsten ausgesucht. Sie sind auf unsere Möglichkeiten abgestimmt. Ein Versuch, sie auszuprobieren, lohnt sich allemal.

Krautwickel

Leider gibt es bei uns keine eingelegten Krautköpfe mehr, aber das Resultat läßt sich auch mit diesem Rezept erzielen. Das Rezept ist für ungefähr 15 Krautwickel, sie lassen sich gut einfrieren, am besten in einer Auflaufform, in der sie dann auch auftauen können und in der sie im Backofen bei geringer Hitze dann wieder warm gemacht werden können.

1 großer, lockerer Krautkopf
1 große Zwiebel
3 EL Reis
1 kg Gehacktes, gemischt
Salz - Pfeffer nach Belieben
Sauerkrautsaft
2 Scheiben durchwachsener Speck
2 Mettwürstchen mit Knoblauch
3 Eier
1 kg Sauerkraut

Der Kohlkopf wird ganz in Wasser gedünstet, bis die äußeren Blätter sich lösen, dann läßt man ihn etwas abkühlen und löst die Blätter ab. Die mittleren dicken Fasern werden flach geschnitten. Das Gehackte mit der Zwiebel, den Gewürzen, dem Reis und 3 Eiern vermischen und gleichmäßig auf die 15 größten Kohlblätter legen. Diese werden dann zusammengerollt. In einem hohen Topf wird Schmalz erhitzt, dann der Boden mit einem Drittel des Sauerkrautes bedeckt, eine erste Lage Krautwickel kommt auf das Sauerkraut, darauf dann die beiden Speckscheiben, dann wieder Sauerkraut und Krautwickel und die Würstchen, dann noch einmal Sauerkraut und Krautwickel. Das Ganze wird mit einem Liter Wasser begossen und gut 2 Stunden bei mäßiger Hitze geschmort, dann den Sauerkrautsaft dazugießen und noch einmal gut eine halbe Stunde köcheln lassen. Aufgewärmt schmecken sie am Besten. Dazu gibt es Brot oder Reis und auf die Krautwickel etwas Saure Sahne oder Schmand.

Pflaumenknödel
/Szilvásgombóc/

<u>Zubehöre</u>: 1,2 kg Kartoffel, Salz
300 g griffiges Mehl
20 g Schmalz 1 Ei, Salz
400 g Pflaumen. Zimt. 80 g Puderzucker, 180 g Semmelbrösel, 120 g Schmalz.

Die gewaschenen Kartoffeln mit der Schale in schwachem Salzwasser kochen noch heiss pellen und sofort zerstampfen. Wenn abkühlt, mit gesiebtem Mehl, Schmalz, Ei uns Salz verkneten. Den Teig auf einem Bemehlten Brett 1/2 cm dünn ausrollen und aus der Teigplatte etwa 5.5 cm grosse Quadrate schneiden, auf jedes eine Pflaume legen, eine Klosse formen, auf ein bemehltes Brett legen. In heises Wasser legen, zum Kochen bringen. Etwa 10-15 Minuten kochen, bis an die Oberfläche kommen. Inzwischen gesiebte Semmelbrösel in Schmalz goldbraun rösten und etwa Butter darüberkrümeln. Wen fertig, alles mit Puderzucker und Zimt bestreuen und sofort servieren.

RINDFLEISCHTOKANA

200 gr. würfelig geschnittener Speck wird glasig gebraten; darin läßt man eine feingeschnittene Zwiebel schön gelb werden, rührt eine Messerspitze Paprika darunter und gibt 1 kg großwürfelig geschnittenes gutes Rindfleisch hinein, salzt, pfeffert und dünstet das Fleisch 2-3 Stunden gut, bis es weich ist. Vor dem Anrichten kommt noch eine geschnittene Zwiebel und 1 Löffel Fett dazu und man läßt das Ganze braten, damit das Fleisch Farbe bekommt.
Eine halbe Stunde bevor es fertig ist, können noch rohe Kartoffelstückchen mitgedünstet werden. Sie können auch vor dem Anrichten gekochte Kartoffeln hineinschneiden.
Auch hierzu wird Brot gegessen.

Guten Appetit!
Katharina Kresin

Fischsuppe
/Halászlé/

<u>Zubehöre</u>: 2 kg. lebender Karpfen

250 g. Zwiebeln, Salz, 150 g Paprika

70 g Tomaten, 30 g Gewürzpaprika.

Den Fisch schuppen, dabei darauf achten, dass die Gallenblase nicht platzt Das Fischfleisch auf beiden Seiten von von der Wirbelsäule trennen und die beide Filetscheiben eventuell enthauten. Die Filets in zweifingerbrete Scheibe schneiden, zusammen mit dem Rogen und der Fischmilch leicht salzen und in den Kühlschrank stellen. Inzwischen von Mittelgräte, Kopf unsw. die oben geschriebene Fisch-Grundbrühe kochen. Die fertige Brühe abseihen, dabei das gekochte Fischkleins gut ausdrücken. Durch Zugabe des passierten Fischkleins wird die Brühe sämiger und schmackhafter. Beginnt die Brühe zu kochen, den Gewürzpaprika einstreuen. In dieser Grundbrühe, die auch schon am Vortag zubereitet werden kann, vor dem servieren etwa 10 Minuten die Karpfenfilets garen.

Huhn Pörkölt

/Paprikás csirke/

Zubehöre: Huhn 1-1,5 kg Salz
Schmalz 120 g Zwiebeln 180 g
Gewürzpaprika 20 g Tomaten
100 g Paprikaschoten 200 g

Das Fleisch wird in 8-10 Teile geschnitten. Die Zwiebel in Schmalz /Öl/ angeschwitzt, schwach geröstet. Gewürtzpaprika schnell einrühren, das Fleisch dazugeben, salzen und rösten. Mit Wasser aufgiessen, die Gewürze zufügen und zugedekt, unter zeitweiligem Rühren rösten. Dann Paprika und Tomaten zufügen und fertig schmoren. Wenige Mehl mit Sauersahne zusammenmischen, hineingiessen, dass genug Saft sein. Als Beilage Nockerln geben.

SZÉKELY GULYAS

Szegediner Gulasch

500 gr. Rindergulasch
250 gr. Zwiebeln
100 gr. Schmalz
1 TL Paprika
etwas Kümmel gem.
1 Knoblauchzehe
500 gr. Sauerkraut
1/4 l Saure Sahne oder Schmand
1 EL Mehl

Das Fett erhitzen, die fein gehackten Zwiebeln darin hellgelb rösten. Paprika darüberstreuen und sofort etwas Wasser aufgießen. Das Fleisch, Salz und Kümmel dazugeben, ebenso die feingehackte Knoblauchzehe. Das Sauerkraut fein schneiden und unter das Fleisch mischen. Soviel Wasser aufgießen, daß das Kraut gerade bedeckt ist. Kartoffeln, kleingeschnitten, können schon in das Kraut gegeben werden, etwa 30 Minuten kochen lassen. Dann die Sahne mit dem Mehl verquirlen und über das Ganze geben, wenn die Kartoffeln zu zerfallen beginnen.

Letscho
(Lecsó)

Zutaten:
1,4 kg Paprikaschoten
60 g Tomaten
150 g Zwiebeln
80 g Schmalz/Öl/
50 g Räucherspeck
5 g Gewürzpaprika, Salz

Aus den fleischigen Paprikaschoten den Samenstand entfernen, die Früchte in längliche Streifen schneiden. Die Tomaten ein paar Sekunden in heißes Wasser tauchen, die Schale abziehen und die Früchte schneiden. Für das Letscho einen größeren Topf nehmen, damit die Zutaten nicht so sehr übereinander liegen. Speckwürfel in Öl auslassen, die Zwiebel dazugeben und goldbraun rösten. Gewürzpaprika und sogleich Paprikaschoten und Tomaten zufügen, miteinander kochen.

Wir können auch Würstchen mitkochen, oder verquirlte Eier hineinlegen, sogar gleich zu Anfang des Kochprozesses Reis mit dem Letscho dünstet und dieses gehaltvoller macht.

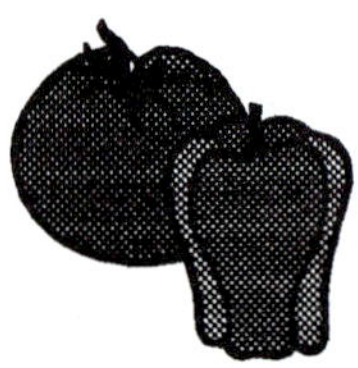

DOBOSCHTORTE

Biskuit: 6 Eier trennen, von dem Eiweiß
Schnee schlagen
12 gestrichene EL Zucker
12 gestrichene EL Mehl
1 Vanillezucker miteinander vermengen und von dem Teig 6 Böden backen.

Schokoladencreme: In einer Kasserolle werden 4 Eier mit 210 gr. Zucker und 2 Rippen Blockschokolade schaumig gerührt; knapp 1/4 l Milch und 2 gestrichene EL Mehl kommen dazu. Dann wird diese Mischung auf schwachem Feuer oder im kochenden Wasserbad weitergerührt, bis sie so dick ist, daß der Löffel beim Herausziehen bedeckt ist. Ist die Creme dann lauwarm, kommen 250 gr flaumig gerührte Butter hinzu. Mit dieser Masse werden die 6 Böden bestrichen und aufeinander gelegt.

Über die Torte kommt eine Karamelglasur, die aus 200 gr. feinen Zucker besteht, den sie langsam zergehen lassen. Wenn die Masse leicht braun ist, wird sie auf die Torte gegeben.

Die Torte ist seeeehr lecker, aber ein Großangriff auf alle Zähne und Hüften.

FRANKREICH

1964 West: Herr, lehre uns beten!
Ost: Daß sie alle eins seien
Madeleine Barot, Frankreich/Weltkirchenrat

„Frankreich war doch nie Weltgebetstagsland", stand in dem Brief der französischen Frauen.
In „Ein Freitag im März" war es so angegeben, aber mittlerweile wissen wir, daß vor 1968 manchmal nur einzelne Frauen aus einem Land die Ordnung geschrieben haben. Aber da Frankreich erwähnt worden ist, habe ich gedacht, ein paar französische Rezepte wären doch nicht schlecht. Sie sind mitgebracht von einer Studienfahrt nach Frankreich und von einem Gemeindeglied, die einige Jahre in Frankreich gelebt hat.

CHAMPIGNONSALAT MIT WALNÜSSEN

800 gr. weiße Champignons
2 Zitronen
1 roter Eichblattsalat
2 Scheiben gekochten Schinken
Schnittlauch
einige Walnüsse
150 gr. Creme fraiche
Salz und Pfeffer

Den Salat waschen und die gewaschenen Champignons abschneiden und in Scheiben schneiden, mit dem Zitronensaft großzügig übergießen, damit die Champignons nicht schwarz werden.

Den gekochten Schinken in kleine Stücke schneiden, den Schnittlauch schneiden und die Nüsse zerkleinern (einige zur Dekoration aufheben).

Die Champignons mit allen Zutaten vermischen, salzen, pfeffern.

Die Salatschüssel mit Eichblattsalat auslegen und den Rest hineingeben, mit den Walnüssen dekorieren.

BÄCKOFE

250 gr. Kalbfleisch
250 gr. Rindfleisch
250 gr. Lammfleisch
250 gr. Schweinefleisch
einige Lorbeerblätter, Pfeffer - und Nelkenkörner werden zusammen in Weißwein einlegt. Das Fleisch muß mindestens 10 Stunden marinieren.

Eine Auflaufform wird mit in Scheiben geschnittenen, rohen Kartoffeln ausgelegt, das Fleisch mit dem Sud darüber gegeben. 5-6 rohe Möhren werden in Scheiben geschnitten und in den Sud hineingegeben. Das Ganze wird mit Kartoffelscheiben gut und eng belegt, je nach Geschmack 1-2 Lagen Kartoffeln. 2 Stunden sollte der Auflauf im Backofen schmoren. Eine 1/4 Stunde vor dem Servieren werden die Kartoffeln mit 2 aufgeschlagenen Eiern bestrichen.

Serviert wird „Bäckofe" mit Baguette und Edelzwicker.

Ich habe dieses Rezept bei einem Aufenthalt in Straßburg kennengelernt. Ursprünglich war es ein „Arme-Leute-Essen". Wenn auf den Bauernhöfen oder in den Dörfern im großen „Bäckofe" - vor allem in der Erntezeit -Brot gebacken worden war, wurden Reste von Wurst und Knochen, manchmal auch etwas Fleisch genommen, mit Wein übergossen und zusammen mit den Gewürzen und den Kartoffeln in den Backofen gegeben.So wurden die Reste verwertet und die Resthitze im Backofen ausgenutzt, und niemand mußte sich um das Essen kümmern. Für Leute mit wenig Zeit, die Besuch erwarten, ist die oben beschriebene elegantere Version des Gerichts einfach ideal.

POTAGE BONNE FEMME

Kartoffel-Karottensuppe

500 gr. Kartoffeln
5 Karotten
2 Stangen Porree
50 gr. Butter
1 1/2 L Hühnerbrühe oder Wasser
1 TL Zucker
Salz, Pfeffer
200 gr. Sahne
frischer Kerbel

Das Gemüse putzen und in Würfel schneiden. Zunächst Karotten und Porree in Butter anbraten, bis sie gar sind, dann die Kartoffeln dazugeben. Das Ganze mit der Brühe auffüllen, salzen und pfeffern, und solange köcheln lassen, bis das Gemüse gar ist. Die Gemüsemischung pürieren, wieder in den Topf geben und die Sahne unterrühren. Mit dem frischen Kerbel oder Petersilie garnieren.

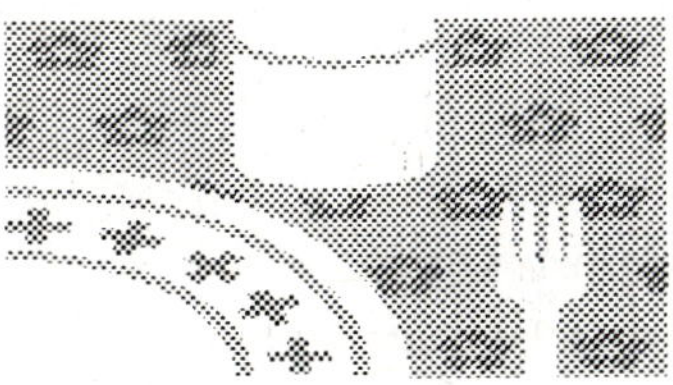

LAMMSCHULTER IM GRÜNEN

1 ausgelöste Lammschulter
1,5 kg Blattspinat
2 Möhren
2 Zwiebeln
2 Knoblauchzehen
1 Stich Butter
2 EL Öl
2 Glas trockenen Weißwein
1Bund Suppengrün (Lorbeer, Rosmarin, Thymian und Petersilie)
1 EL Tomatenmark
Salz - Pfeffer

In einem Bräter die Lammschulter mit der Butter und dem Öl goldbraun anbraten.
Möhren schälen und in Scheiben schneiden,
Zwiebeln schälen und schneiden,
Beides zu der Schulter geben und einige Minuten mit garen lassen.
Wenn das Gemüse und die Schulter eine schöne goldbraune Farbe bekommen haben, alles mit dem Weißwein ablöschen; den Knoblauch, die Kräuter und das Tomatenmark hinzufügen, salzen, pfeffern und 45 Minuten offen köcheln lassen (wer es weniger rosig mag, die muß es länger köcheln lassen.
Den Blattspinat in kochendes Wasser geben und ca 15 Minuten kochen lassen, abtropfen.
Eine Fleischplatte mit dem Spinat belegen, die in Scheiben geschnittene Lammschulter auf das Spinatbett legen und mit dem pürierten Bratensaft übergießen.

SALADE NICOISE

1 mittlere Dose Prinzeßbohnen
5 Strauchtomaten
5 Pellkartoffeln in Scheiben geschnitten
1 Glas Kapern
Sardellenfilets nach Belieben

werden mit Balsamessig und Olivenöl vorsichtig vermengt. Etwas Pfeffer sollte dazugegeben werden, salzen wird wegen der Sardellen nicht nötig sein. Als Garnierung können einige grüne und schwarze Oliven obendrauf gegeben werden.
Der Salat sollte einige Stunden im Kühlschrank durchziehen.

WARME GEBACKENE PFIRSICHE

6 große gelbe Pfirsiche
einige Löffelbisquits
30 gr. geriebene Mandeln
60 gr. Puderzucker
50 gr. Butter
Saft einer Zitrone

Die Pfirsiche einige Zeit in heißes Wasser legen, damit frau sie schälen kann. Dann in Hälften schneiden, entkernen und mit einem kleinen Löffel etwas größer aushöhlen.
Den Backofen auf 180 grad vorheizen.
In einer kleinen Schüssel das entnommene Fruchtfleisch der Pfirsiche mit zerkrümmelten Löffelbisquits, den geriebenen Mandeln und dem Puderzucker vermischen, den Zitronensaft und 25 gr. weiche Butter unterrühren.
Das Innere der Pfirsiche mit dieser Fruchtmasse füllen.
Eine Gratin - Form mit hohen Rändern mit der restlichen Butter ausstreichen und die Pfirsichhälften hineinlegen.
20 -25 Minuten im Ofen backen; noch warm essen.

SCHOTTLAND 1966

Ihr seid meine Zeugen

Für Schottland gilt das Gleiche, wie für einige andere Weltgebetstagsländer auch: die Ordnung wurde von einzelnen geschrieben, aber nicht von einem Komitee. Aber auch hier wollen wir mit einigen Rezepten an diese Frauen erinnern.

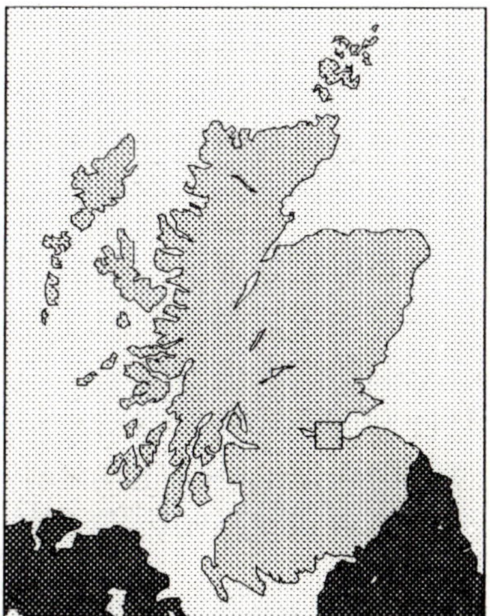

SCHELLFISCH DUGLESE

500 gr. Schellfisch
1/4 l trockener Weißwein
1/4 l Wasser
1 TL Pfefferkörner
1 große Zwiebel, in 1 cm dicken Scheiben
30 gr. Butter
2 EL Mehl
2 Tomaten, geschält und zerkleinert
3 EL Sahne
.1 EL gehackte Petersilie

Den Schellfisch in kaltem Wasser langsam zum Kochen bringen, dann im offenen Topf noch 5 Minuten köcheln lassen. Danach das Wasser abgießen. Wein und Wasser über den Schellfisch gießen, Pfefferkörner und Zwiebeln darüberstreuen. Zudecken und garköcheln lassen. Dann den Fisch mit einer Schaumkelle herausnehmen und in eine feuerfeste Form legen. 1 Becher von der Flüssigkeit aufbewahren für die Sauce.

Für die Sauce wird die Butter in einem Topf geschmolzen, das Mehl hineingerührt, die Brühe dazugegeben und das Ganze gerührt, bis die Sauce kocht und dick wird. Die geschälten Tomaten und die Sahne dazugeben.

Die Sauce wird über den Fisch gegossen und mit Petersilie bestreut, und im vorgeheiztem Backofen bei 180 Grad 15 Minuten gebacken.

Der Schellfisch wird mit Kartoffelbrei und gedünstetem Gemüse serviert.

SCOTCH BARLEY BROTH

Schottische Graupensuppe

1000 gr. Lammfleisch
250 gr. Perlgraupen
1 Zwiebel
2 Porreestangen
2 Stangen Bleichsellerie
2 Karotten
1 handvoll grüne Erbsen
6 Pfefferkörner
1 Lorbeerblatt
Salz - Petersilie - 2- 3 l Wasser

Das Fleisch wird mit einer Zwiebel, einem Lorbeerblatt und den Pfefferkörnern in kaltem Wasser aufgesetzt. Sobald das Ganze aufkocht, kommen die mehrfach gewaschenen Perlgrauper hinein. Nach 1 1/2 Stunden Siedens kommen die geputzten und in Streifen geschnittenen Gemüse hinzu. Wird die Suppe zu dick, kommt heißes Wasser hinzu und das Ganze wird weiter gekocht, bis alles weich und gar ist. Die Suppe wird sehr heiß mit viel feingehackter Petersilie aufgetragen.

COCK - a - LEEKIE

Schottische Hühnersuppe

1 Huhn
2 1/2 l Wasser
3 Stangen Porree
200 gr. Backpflaumen
3 EL Reis
Salz und Pfeffer

Das Huhn wird in mehrere Teile zerlegt und soviel Haut und Fett wie möglich entfernt. Die Hühnerteile kochen, zwischendurch den Schaum abschöpfen.
Porree, Backpflaumen, Reis, Salz und Pfeffer dazugeben und zugedeckt solange köcheln lassen, bis das Huhn weich ist.
Fleisch und Knochen aus der Suppe herausnehmen, das Fleisch kleinschneiden und wieder zur Suppe geben.
Die Suppe sollte möglichst über Nacht kalt gestellt werden. Vor einem erneuten Erwärmen das Fett abschöpfen, sonst tun sie ihrer Galle zuviel des Guten.

FINNAN HADDIE

1 große Zwiebel in dünne Streifen geschnitten
500 gr. geräucherter Schellfisch
400 ml Milch
1/2 TL schwarze Pfefferkörner, zerdrückt
1 1/2 TL Senfpulver
20gr. weiche Butter
2 TL Mehl
1 Frühlingszwiebel, feingehackt

Den Boden eines Topfes mit Zwiebelscheiben auslegen; den Fisch in 2 cm breite Stücke schneiden und auf die Zwiebeln geben.
Milch, Pfeffer und Senfpulver verrühren und über den Fisch gießen. Langsam aufkochen und bei niedriger Temperatur 5 Minuten köcheln lassen. Den Deckel wegnehmen und weiter 5 Minuten köcheln lassen.
Den Fisch auf eine Servierplatte geben, die restliche Mischung weitere 5 Minuten köcheln lassen.
Butter und Mehl mischen und zusammen mit der Frühlingszwiebel in den Topf geben. Bei niedriger Temperatur rühren, bis die Masse kocht und dicklich wird. Das Ganze über den Fisch geben.

RUMBLEDETHUMPS

500 gr Kartoffeln, grob zerkleinert
60 gr. Butter
1 große Zwiebel, in dünne Scheiben geschnitten
250 gr. Weißkohl, feingehackt
Salz - Pfeffer nach Belieben
2/3 Becher geriebener Cheddar-Käse

Den Backofen auf 180 grad vorheizen. Die Kartoffeln in einen Topf geben, mit kaltem Wasser bedecken. Aufkochen lassen, dann die Hitze reduzieren und ohne Deckel 8 Minuten kochen lassen. Die Kartoffeln abgießen, kalt abspülen und abtropfen lassen und mit einer Gabel grob zerdrücken.
Die Butter in einem Topf erhitzen, die Zwiebel zufügen und bei niedriger Hitze 10 Minuten braten. Den Weißkohl dazugeben und unter Rühren 5 Minuten anbraten. Kartoffeln, Salz und Pfeffer dazugeben, von der Kochstelle nehmen und 2 EL Käse unterheben.
Die Masse in die Backform füllen und mit dem restlichen Käse bestreuen. Ca. 20 Minuten backen.

SHORTBREAD

250 gr. Butter
170 gr. Zucker
260 gr. Mehl
1/2 Becher Reismehl
1 TL grober Zucker

Den Ofen auf 160 grad vorheizen. Ein rundes Pizzablech von 28 cm Durchmesser mit zerlassener Butter oder Öl bestreichen. Mit Backpapier auslegen. Butter und Zucker schaumig rühren.

Dazu kommt dann das gesiebte Mehl und das Reismehl. Mit einem stumpfen Messer zu einem weichen Teig vermischen und auf eine bemehlte Arbeitsfläche geben. 30 Sekunden glatt kneten.

Den Teig auf das vorbereitete Backblech legen, zu einem Kreis von 25 cm Durchmessern flachdrücken. Den Rand mit dem Finger dekorativ einkerben und zuspitzen. Die Oberfläche leicht mit einer Gabel einstechen und den Teig tortenförmig in 16 Stücke einteilen (die Linie nur einritzen). Das Ganze mit Zucker bestreuen, auf der mittleren Schiene 35 Min. fest und goldfarben backen. Abkühlen lassen.

ATHOLL BROSE

Honig - Sahne - Likör

115 gr. Hafermehl
250 ml Wasser
2 TL Honig
125 ml süße Sahne
125 ml Drambuie

Das Hafermehl in eine Schüssel geben und nach und nach warmes Wasser unterrühren. Abgedeckt ca 30 Minuten stehen lassen.
Dann die Mischung durch ein grobes Sieb in einen sauberen Becher gießen. Das Hafermehl gut ausdrücken, die Flüssigkeit aufbewahren und das Hafermehl entfernen.
Die Flüssigkeit dann noch einmal durch ein feineres Sieb sieben. Drambui, Sahne und den Honig hinzugeben und gut miteinander vermengen.
In sterilisierte Flaschen füllen. Gut schütteln. Kühl und dunkel aufbewahren. Vor dem Öffnen jeweils schütteln.

September 1998

Das Kommitee des Weltgebetstags der Frauen aus Cork, Irland, wuenscht den deutschen Frauen alles Gute zur Ausrichtung des 50. Weltgebetstages in Deutschland. Wir beten darum ,dass dieser Tag in den nächsten Jahren sich immer mehr ausbreiten wird und so eine wachsende Anzahl von Menschen erreichen wird.
Gott möge euch alle segnen.

Marjorie Bond (Chairman)

Congratulations and Best Wishes from Dublin Branch of the Women's World Day of Prayer. We send you our prayers for your celebrations and for your future work.

Some members of our General Committee

Back Row from left to right:
May Doyle Elise Barnett Daphne McKee
Phyllis Deverell and Joan Hunt
Front Row from left to right:
Patricia Kennedy (Secretary) Doreen Keegan,
Jean Binnie (President) and Lieut. Heather
Abbott (Salvation Army)

Some of CORK Women's World Day of Prayer Committee

Left to Right:

Philippa Granlease (Secretary)
Marjorie Bond (Chairperson)
Mary Doyle (Past Chairperson)
Eileen Cunnane (Treasurer)

Green Moulded Salad

Zutaten:
1 Päckchen Zitronengeleepulver
1 Päckchen Limonengeleepulver
2 Tassen kochendes Wasser
1 Tasse Kondensmilch
1 Tasse Ananas in Stücken
1 Tasse Hüttenkäse
1-2 gehackte Nüsse
1 Tasse Majonaise
Sellerie

Zubereitung:
Das Zitronen- und Limonengeleepulver mischen, Wasser hinzufügen und umrühren. In Milch einrühren. Sellerie, Ananas und Nüsse hinzufügen. Majonaise und Hüttenkäse unterheben. Alles mischen und in eine Schüssel geben. Kalt stellen.

Mary Doyle
Carrigaline,
Co. Cork.
Ireland

Statt des Geleepulvers könnten wir hier in Deutschland Götterspeise nehmen.

COLCANNON

4 mittelgroße Kartoffeln
300 gr. feingeschnittener Kohl
60 gr. Butter
5 EL gehackte Frühlingszwiebeln
7 EL warme Milch
Pfeffer
gehackte Petersilie zum Garnieren

Die Kartoffeln werden geviertelt und gar gekocht, dann abgegossen und anschließend zerdrückt. Der Kohl wird 10 Minuten in Wasser gekocht, aus dem Wasser mit der Schaumkelle geholt, abtropfen lassen.
Die Butter wird in einem Topf erhitzt, der Kohl und die Frühlingszwiebeln darin eine Minute gekocht.
Die Kohlmischung wird dann mit dem Kartoffelbrei vermengt und soviel warme Milch dazugegeben, bis die Konsistenz cremig ist. Mit Pfeffer würzen und mit gehackter Petersilie garnieren. Nach Geschmack kann auch noch etwas Butter über das Gericht kommen.

DUBLINER CODDLE

8 dicke Schweinewürstchen
4 dicke Speckstreifen
30 gr. Bratfett
2 große Zwiebeln
2 zerdrückte Knoblauchzehen
4 mittelgroße, mehlige Kartoffeln in
3 mm dicken Scheiben
1/4 TL Salbei
Pfeffer
1/4 l Hühnerbrühe
2 El gehackte Petersilie

Die Würstchen in einem Topf mit Wasser bedecken und zum Kochen bringen, abtropfen und erkalten lassen. Den Speck in Streifen schneiden und in eine Pfanne mit dem heißen Bratfett geben. Die klein-gehackten Zwiebeln mitbraten, bis sie braun sind. Dann den Knoblauch hinzugeben und 1 weitere Minute braten. Speck, Zwiebeln und Knoblauch herausnehmen und in der Pfanne die Würstchen auf allen Seiten braten.

Die Kartoffeln in Scheiben geschnitten auf den Boden einer Auflaufform geben, mit dem Speck, dem Knoblauch und den Zwiebeln bedecken. Mit Salbei und Pfeffer würzen und die Brühe hinzu-geben. Die Würstchen werden oben darauf gelegt, das Ganze wird zugedeckt bei 180 grad im vorgeheizten Backofen 1 Stunde gebacken.

Carrigaline Chicken

Zutaten:
1 gekochtes Hühnchen (Knochen entfernen)
50 g gehackten Speck
50 g Butter
25 g Mehl
2 Grüne Pfefferkörner
1 Handvoll Erbsen
2 in Scheiben geschnittene Zwiebeln
200 g Tomaten (oder kleine Dose)
142 ml Brühe
200 g Pilze
Salz und Pfeffer
Knoblauch (optimal)

Zubereitung:
Speck und Zwiebeln in Butter braten, das Gemüse bis auf die Erbsen dazugeben.
Das Hühnchen, die Brühe und das Mehl zugeben. In eine Casserolle geben und alle anderen Zutaten dazugeben. Im Backofen bei 177 Grad für 1 Stunde kochen, die Erbser hinzugeben und für eine weitere halbe Stunde kochen. Mit Reis servieren.

Mary Doyle
Carrigaline,
Co. Cork.
Ireland

IRISH STEW

8 Lammkoteletts
4 dicke Speckscheiben
1 El Bratfett
1 kg Kartoffeln in dicken Scheiben
5 Möhren kleingeschnitten
3 Zwiebeln
Pfeffer
1/2 l Brühe
Thymian
gehackte Petersilie zum Garnieren

Die Speckscheiben in kleine Streifen schneiden und in einer Pfanne anbraten, dann herausnehmen und die Koteletts auf beiden Seiten braun braten lassen.
Die Hälfte der Kartoffeln, Möhren und Zwiebeln in einem Topf verteilen. Mit Pfeffer würzen, die Hälfte des Specks dazugeben, dann darauf die Koteletts legen; das Fleisch dann mit den übrigen Kartoffeln, Möhren, den Zwiebeln und dem Speck bedecken. Thymian und die Brühe hinzufügen. Das Ganze zum Kochen bringen und 1 Stunde köcheln lassen, bis das Lamm gar ist. Mit Petersilie garnieren.

Champ

Zutaten:
8 Kartoffeln
6 Frühlingszwiebeln
125 g Butter
167 ml Milch
Pfeffer und Salz

Zubereitung:
Die Kartoffeln schälen, kochen, abgießen und stampfen. Die Frühlingszwiebeln zerhacken und in der Milch kochen. Die Frühlingszwiebeln aus der Milch nehmen und mit Pfeffer und Salz zu den gestampften Kartoffeln geben. Alles zusammenrühren und gerade so viel Milch hinzugeben, daß der Brei cremig wird.
Den Brei in eine tiefe Schüssel geben, eine Vertiefung in die Mitte machen und dorthinein die erhitzte Butter geben. Beim Servieren wird jeder Löffel voll in die Butter gestippt.
Bei fortgeschrittener Jahreszeit kann man statt der Frühlingszwiebeln Brennesselblätterspitzen nehmen.

Soda Bread

Zutaten:

8oo g Mehl
½ Teelöffel Salz
½ Teelöffel Brot Soda (Ersatz Backpulver)
284 ml Buttermilch

Zubereitung:

Salz, Soda und Mehl sieben und in eine Schüssel geben. In die Mitte ein Loch machen und die Buttermilch hinzufügen. (Es kann auch saure oder frische Milch sein.) Mit einem Holzlöffel zu einem weichen Brei rühren. Mit Mehl gepuderten Händen leicht kneten. Auf ein mit Mehl bestäubtes Holzbrett geben. Mit dem Handrücken einen Kreis von ungefähr 4 cm Stärke ausrollen. Mit einem mehlbestäubten Messer so ein Kreuz auf die Oberfläche machen, daß es nach dem Backen in 4 Teile bricht.
Im Backofen bei 204 Grad 40 Minuten backen.

Dublin Potato Chocolate Cake

Zutaten:

170 g Mehl
170 g Streuzucker (fein)
50 g geschmolzene Bitterschokolade
oder 2 Eßlöffel Bitterschokoladenpulver
oder Kakaopulver
1 ½ Teelöffel Backpulver
½ Teelöffel Salz
75 g gestampfte gekochte Kartoffeln
120 g Butter
4 Eßlöffel Milch
2 Eier

Zubereitung:

Die Butter mit dem Zucker cremig rühren und in die gestampften Kartoffeln geben. Die geschmolzene Schokolade oder das Schokoladenpulver hinzugeben. Mehl und Salz sieben und mit den Eiern dazugeben. Die Milch dazugießen und alles gut vermischen. Die Mischung in 2 Hälften teilen und in gefettete Backformen mit einem Durchmesser von 20 - 22 cm geben. Für 25 - 30 Minuten bei 180 Grad backen bis der Kuchen beim Berühren fest und elastisch ist.Zum Abkühlen aus der Backform nehmen. Wenn der Kuchen abgekühlt ist in Scheiben schneiden und gekühlte Schokoladenbutter oder Marmelade oder Creme dazwischengeben.

HAFERFLOCKENKEKSE

300 gr. feingemahlene Haferflocken
150 gr. Mehl
1/2 TL Natron
70 gr. Zucker
200 gr. Butter
150 gr. feingemahlene Haferflocken (zusätzlich)

Haferflocken, Mehl und Natron und Zucker werden miteinander vermischt. Die Butter wird geschmolzen und über die Zutaten gegossen und gut damit vermischt. Die Mischung auf die zusätzlichen Haferflocken geben und leicht kneten.
Den Teig 1 cm dick ausrollen und in 16 Vierecke schneiden. Auf ein gefettetes Backblech geben und im - auf 200 grad vorgeheizten - Backofen rund 15 Minuten backen, bis die Kekse golden und knusprig sind.

APPLE PATRIE

1 Becher kaltes Kartoffelpüree
140 gr. Mehl
4 EL Zucker
1/2 TL Backpulver
3 große Äpfel
1 Messerspitze gem. Zimt
2 EL Honig
1 Ei
1 EL Zucker zusätzlich

Das Kartoffelpüree in eine Schüssel geben, Mehl, Zucker und Backpulver darübersieben und zu einem steifen Teig verrühren. 30 Minuten in den Kühlschrank stellen.
Die Äpfel schälen, das Kerngehäuse entfernen, in 1 cm dicke Scheiben schneiden und mit Wasser bedecken, damit sie nicht braun werden. Eine Kuchenform von 20 cm Durchmesser leicht einfetten.
Den Teig halbieren. Die eine Häfte ausrollen, bis er den Boden der Kuchenform bedeckt. Die Apfelscheiben über den Teig geben, mit Zimt bestreuen und mit Honig beträufeln. Den restlichen Teig ausrollen, über den Kuchen geben, den Rand sauberschneiden und etwas dekorieren. Drei tiefe Schlitze in den Teig schneiden, damit der Dampf entweichen kann.
Mit dem Ei glasieren und mit dem EL Zucker bestreuen. Im vorgeheizten Backofen bei 190 Grad 30 -40 Minuten goldbraun backen. Sofort mit Schlagsahne servieren.

IRISH COFFEE EINFACH

2 Schnapsgläser Irish Whiskey
4 Tassen heißer Kaffee
4 TL geschlagene Sahne
4 TL Zucker

In die erwärmten Gläser etwas erwärmten Whiskey gießen, mit Zucker verrühren und heissen Kaffee hinzugießen. Aber nicht randvoll, sondern es soll ein Rand bis zu 2,5 cm bleiben. Das Getränk wird umgerührt und die Sahne so auf den Kaffee gegeben, daß sie darauf schwimmt. Der Kaffee darf nicht mehr gerührt werden.

Ein Finger allein kann keine Bohnen essen

Haiti

-SCHWEDEN

1984: Hoffnung in Christus - Quelle des Lebens

In letzter Minute kamen die Rezepte und ein Bild vom schwedischen Komitee.

SCHWEDISCHE PFANNKUCHEN

4 Eier, dick geschlagen
4 EL Zucker
4 EL geschmolzene Butter
2 Tassen Milch
1 Tasse Mehl
2 TL Backpulver
1 TL Salz

Alle Zutaten verrühren, bis ein glatter Teig entstanden ist. In einer eingefetteten heißen Pfanne backen. Den Teig dabei in die Pfanne gießen und sich ausbreiten lassen. Der Teig soll nur ganz dünn sein, dann 1 Minute backen lassen, bis er goldbraun ist. Der Pfannkuchen kann einfach gegessen werden oder auch mit Schlagsahne oder mit gefrorenen oder frischen Beeren.

Traditioneller Heringssalat

1 großer Salzhering
4 Kartoffeln
4 eingelegte rote Rüben
1 großer säuerlicher Apfel
1 Gewürzgurke
¼ TL Salz
1 Prise weißer Pfeffer
2 hartgekochte Eier

Ein solcher Heringssalat fehlt auf keinem Smörgasbord. Man kann die Zutaten variieren, Tomaten oder Radieschen hinzufügen, mit einer Salatsauce (4 EL Essig, 2 E? Wasser, 1 EL Zucker aber kein Öl) übergießen. Wichtig ist, daß man alle Ingredienzen sehr vorsichtig mischt, damit sie nicht zerdrückt werden.
Den Hering säubern, filetieren und häuten, im lauwarmen Wasser gut abspülen und dann über Nacht in kaltem Wasser liegen lassen. Am nächsten Tag hackt man den Fisch, die Kartoffeln, Zwiebel, Apfel und Gurke, gießt zwei Eßlöffel Rübenlake dazu und mischt alles mit zwei Gabeln vorsichtig mit einer Prise Salz und frisch gemahlenem weißen Pfeffer. Das ganze in eine mit kaltem Wasser ausgespülte Form geben und einige Stunden im Kühlschrank aufbewahren.
Im letzten Augenblick vor dem Anrichten aus der Form auf eine Platte stürzen, mit den feingehackten roten Rüben, dem Weißen der Eier und der Petersilie überstreuen. Man stellt auch eine Schüssel mit Schlagsahne dazu.

Smørrebrød Oliver Twist

Brot: Schinken oder Frühstücksfleisch

1 Scheibe Schwarzbrot
Butter
3 Scheiben luncheon meat
oder 1 ½ dünne Scheiben gekochten Schinken
1 EL Meerrettichsahne
1 TL Johannisbeergelee oder
2 Backpflaumen
1 Scheibe Orange
1 kleines Salatblatt

Das Brot mit Butter bestreichen. Die ganze Schinkenscheibe halbieren. Die 3 Scheiben Schinken oder luncheon meat locker auf die Hälfte zusammenfalten und nacheinander schuppenartig auf das Brot legen. In die Mitte den Sahnemeerrettich geben. Mit einem Tupfer Gelee oder mit den beiden eingeweichten Backpflaumen besetzen. Die Orangenscheibe zur Hälfte einschneiden und die beiden Hälften verschiedener Richtung auseinanderdrehen. Auf das Brot setzen und mit einem Salatblatt garnieren.

Wie man smørrebrød zubereitet

Das Brot in halbfingerdicke Scheiben schneiden und in der Mitte einmal durchschneiden, also eine normale halbe Brotscheibe verwenden.

Das Brot reichlich mit Butter bestreichen. Es muß vollkommen mit Butter bedeckt sein.
Arrangieren Sie den Belag immer so auf dem Butterbrot, daß von dem Brot nichts mehr zu sehen ist.
Garnieren Sie die Oberfläche mit einer Auswahl an Salat, Mayonnaise, Gemüse oder Früchten, die zu dem Brotbelag passen.

Brot
Das Brot soll frisch sein und eine knusprige Kruste haben. Das Brot soll nicht zu locker und großporig sein. Welche Brotsorte gewählt wird, ist Geschmackssache - aber erfahrungsgemäß paßt zarter Belag wie Huhn, Krabben, milder Käse am besten auf Weißbrot.

Belag
Der Belag sollte immer etwas größer als das Brot sein. Fleisch und einige weiche Käsesorten kann man falten oder aufrollen, um den Belag gewichtiger zu machen.

Garnitur
Die Garnitur soll einen pikanten Geschmack haben und eine kleine farbige Krone für das Brot sein. Nehmen Sie eine Garnitur, die in Farbe und Geschmack einen Gegensatz zu dem Belag bildet. Die Garnitur soll einfach und frisch, nicht aber überladen sein. Sie reicht vom einfachen Salatblatt, Petersilienstengel, Kressesträußchen über Radieschenrosen, auseinandergezogenen Tomaten-, Gurken-, Apfelsinenscheiben zu Früchten, Mayonnaisetupfern und Salaten.

SILLPUDDING

Schwedischer Heringsauflauf

3 Salzheringe
8 gekochte, große Kartoffeln
3 Eier
1 1/2 Tasssen Milch,
1 EL geschmolzene Butter
1 Salzgurke
Schnittlauch, Butter und Brösel für die Form

Die Heringe werden gut gewässert, gehäutet , entgrätet und filetiert. In eine gefettete Auflaufform kommt eine Schicht Kartoffeln, dann Heringsstreifen, Gurkenwürfel und Schnittlauch. Die unterste und die oberste Schicht müssen Kartoffeln sein. Die Eier werden mit der Milch verquirlt und einem EL geschmolzener, abgekühlter Butter, das Ganze kommt über den Auflauf, der dann noch mit Bröseln und kleinen Butterflöckchen bestreut wird. Der Auflauf wird bei etwa 180 grad 30 Minuten gebacken

SCHWEDISCHES OMELETT

4 Eier trennen
1 Tasse Milch
1 EL Mehl
1/2 TL Salz
1/2 TL Pfeffer
1 TL Fett (keine Butter)

Das Eiweiß wird steifgeschlagen. Zu dem Eigelb kommen Salz und Pfeffer und auch das Mehl. Alles zusammen wird gut verrührt und zu dem Eiweiß gegeben. Die ganze Masse kommt in eine Bratpfanne, in der das Fett heißgemacht wurde. Auf kleiner Flamme wird der Teig gebacken, bis er goldbraun ist, dann wird er umgedreht, bis auch die andere Seite goldbraun ist.

Mit einer Käsesauce oder mit Cremesuppen schmeckt diese Omelett sehr gut.

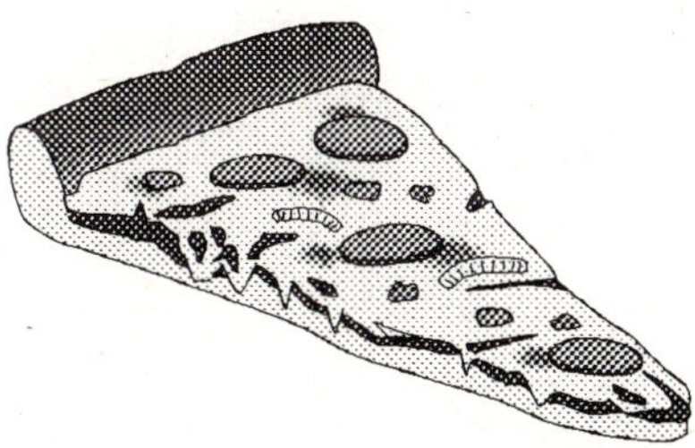

Ein Rezept für heiße Tage:

BLABÄRSOPPA

Schwedische Blaubeersuppe

500 gr. Blaubeeren
1 1/4 l Wasser
125 gr. Zucker
1 EL Kartoffelmehl
1/8 l Sahne
1 Handvoll geröstete Mandeln

Die Blaubeeren werden verlesen, dann in heißem Zuckerwasser aufgesetzt und weich gekocht. Das Kartoffelmehl wird mit kaltem Wasser vermischt und dann langsam, unter Rühren dazugegeben.
Die Suppe wird noch einmal kurz aufgekocht und dann zum Abkühlen vom Ofen genommen. Damit sich keine Haut bildet, muß sie mehrmals umgerührt werden.
Die Suppe wird eisgekühlt mit gestiftelten Mandeln und einem Klecks Schlagsahne serviert.

OSTA KAKA

(Bei der Übersetzung dieses Rezeptes hatte ich einige Schwierigkeiten, da „gallon" je nach Land verschiedene Mengenangaben beinhaltet; ich bin von der englischen ausgegangen, bei der 1 gallon = 3,8 l entspricht; außerdem gab es in meinen Wörterbüchern keine sinnvolle Übersetzung für „rennet"; sinngemäß könnte es Gelantine sein. Vielleicht probieren Sie das Rezept einfach mal aus und sagen mir Ihre Erfahrungen.)

3,8 l Milch
1/2 Platte Gelatine
1 Tasse Sahne
1 Tasse Mehl
2 Eier
1/2 Tasse Zucker

Eine Tasse Milch wird langsam zu der Tasse Mehl gegossen, beides zusammen dann in die restliche lauwarme Milch. Die Gelatine- Platte wird kurz in lauwarmes Wasser eingelegt, damit sie sich auflöst. Auch sie kommt in die Milchmasse und wird kurz verrührt. Nach etwa einer Stunde ist die Masse ziemlich fest, so daß sie mit dem Messer geschnitten werden kann. Die entstandene Molke wird dann abgegossen, die Sahne, die geschlagenen Eier und der Zucker werden hinzugefügt und gut umgerührt. Die Masse kommt in eine Kasserolle und wird etwa 2 Stunden bei 180 Grad gebacken. Sie ist gut, wenn sie goldbraun ist. Das Dessert kann mit Preiselbeeren oder Preiselbeermarmelade serviert werden.

Viel Spaß beim Ausprobieren!

RICE PUDDING

Schwedischer Reispudding

1,4 l Milch
1/2 Tasse Reis
1/4 Tasse Zucker
2 EL Butter
1/4 TL Salz
2 Eier
1/2 Tasse Rosinen
1/8 TL Muskatnuss

Über die Rosinen wird etwas heißes Wasser gegossen. Sie bleiben so einige Minuten stehen. 3 Tassen Milch, der Zucker und Salz kommen in ein heißes Wasserbad. Der Reis wird gewaschen und zu der Milch und dem Zucker getan; 1 1/2 Stunden soll er köcheln.
Die Eier werden aufgeschlagen und zu der restlichen Milch geschüttet, das Ganze wird dann zu dem Reis geschüttet. Butterflöckchen und Muskatnuss werden über den Reis gestreut alles zusammen in einem Wasserbad von 180 Grad für ca. 1 Stunde gebacken.

Tschechien - Slowakei
CSSR 1990

Unsere Hoffnung - Gerechtigkeit für alle

Einige Frauen des tschechischen Komitees bei einem Besuch in Prag im März 1997

Grußwort von den Frauen des tschechischen Weltgebetstagskomitees übersetzt und aufgeschrieben von Marie Ulrichova

Liebe Schwestern,

zum 50. Bestehen der Weltgebetstagsbewegung in Deutschland wünschen wir Euch allen den Segen Gottes für alle guten Ideen und Aktivitäten.
Wir möchten Euch versichern, daß wir jedes Bestreben unterstützen werden, das der Erhaltung der Einheit in der WGT- Bewegung in Deutschland beisteht.
Eure tschechischen Schwestern

Dagmar Hájková
Irena [illegible]
Jana Hromádková
[illegible]
Miluda Pollová
Jana [illegible]
Stefania Procházková
Marie Ulrichová
Jánské Lázně
November 1997
Jana [illegible]

Jana Opočenská
Mohrová V.
[illegible]
Olga Sebíková
[illegible]
Táňa Kalousová
Míla Rychterová
Jana Scholzová
Eva [illegible]
Helena Brabencová
Božena Bašková

„Sagt Gott, unserem Vater, allezeit Dank für alles, im Namen unseres Herrn Jesus Christus.“

Epheserbrief 5,20

Liebe Schwestern,

das Weltgebetstagskomitee in der Slowakei gratuliert dem Weltgebetstag der Frauen in Deutschland zum 50. Geburtstag.
Möge der Weltgebetstag der Frauen in Euerem Land auch zukünftig viel von Gottes Geist, Geleit und Segen spüren.“

Sventový deň Modlitieb
Weltgebetstag der Frauen
Slowakei

Mgr. Mária Kováčová

Mgr. Mária Kováčová
Vorsitzende

Obstkuchen mit Johannisbeeren

250 g Margarine
250 g Quark
250 g Sandzucker
3 ganze Eier
700 g halbfeines Mehl
1 Päckchen Backpulver

Alles miteinander verrühren und in eine gut gefettete und mit Mehl ausgestreute Kastenform füllen, mit Obst und Streusel den Teig belegen und bei mittlerer Hitze backen lassen.

Guten Appetit wünscht

Štefanka Procházková
Horní Počernice
(Praha 9)

Prager Buchteln

40 g Hefe, 1 TL Zucker und mit ein wenig lauwarme Milch aufgehen lassen.

In eine größere Schüssel geben:

500 g Mehl
aufgegangene Hefe
¼ l lauwarme Milch
80 g Sandzucker
2 Eidotter
eine Prise Salz
abgeriebene Zitronenschale

alles gut mit Kochlöffel verkneten, mit Mehl bestreuen und auf einem warmen Platz etwa 1 Stunde aufgehen lassen.
Inzwischen 120 g Butter zerlassen und mit dem Teil gründlich verarbeiten, wieder leicht mit Mehl bestreuen und noch 15 Minuten aufgehen lassen.
Den Teil auf dem Holzbrett auswalken, kleine Quadrate ausschneiden, mit Quarkmasse,Mohnmasse oder Pflaumenmus füllen und kleine Kugeln/Buchteln/formen.

In eine gut gefettete Kastenform legen, jede einzelne Buchtel mit Fett voneinander bepinseln und nach 15 Minuten bei mittlerer Hitze goldbraun backen lassen.

Guten Appetit wünscht

Božena Bašková
Praha

Gitter-Kuchen mit Quark

500 g feines Mehl
1 Päckchen Backpuler
250 g Margarine
200 g Sandzucker
2 Eigelb
abgeriebene Zitronenschale
einige Löffel Milch

alles miteinander auf dem Brett verarbeiten. Zwei Drittel Teig auf ein gefettetes und mit Mehl ausgestreutes Blech ausrollen und mit Quarkmasse belegen.

Quarkmasse

500 g Quark
1 Eigelb
Sandzucker und Vanillezucker nach Geschmack zufügen
Rosinen
zum Schluß den steifen Eischnee unterziehen.

Den übriggebliebenen Teig auswalken, Streifen radeln und auf die Quarkmasse verteilen. Bei mittlerer Hitze backen lassen.

Guten Appetit wünscht

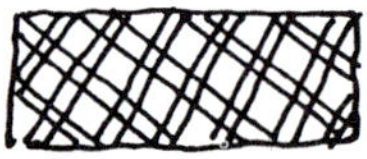

Věra Mohrová; Praha, Südstadt

Marinierter Seefisch

Zutaten:
800 g guter Meeresfisch
3 Zwiebeln
8 Karotten
Saft aus 3 Zitronen
Mehl, 8 Eßl. Essig (4%), 4 Eßl. Öl,
Salz, Pfeffer

Zubereitung:
Fleisch in kleine längliche Stücke schneiden, mit Zitronensaft begießen und ca. 1 Stunde in einer Schüssel liegen lassen.
Inzwischen Karotten halbweich kochen. Kalte Karotten und Zwiebeln fein schneiden.
Fischstücke abtropfen, leicht im Mehl panieren und im Öl rasch braten.
Ein Drittel Fisch auf den Topfboden hineinlegen, mit Salz und Pfeffer würzen und mit einem Drittel Karotten und Zwiebeln bedecken, fein (leicht) feststampfen, mit 2 Eßl. Öl und 4 Eßl. Essig begießen.
Dieses noch zweimal wiederholen.
Die obere Schicht mit Karotten und Zwiebeln schließen, wieder leicht feststampfen, mit Topfdeckel bedecken und im Kühlschrank für 2 - 3 Tage liegen lassen.
Vor dem Servieren in eine Schüssel umkippen.
Guten Appetit wünscht

Milana Janeckà
Praha

Gegossene Talken aus Rohkartoffeln
(Allgemein beliebtes Volksgericht)

Zutaten:
1000 g geschälte Rohkartoffeln
2 Eier
100 - 150 g Grießmehl
Salz, Majoran, (Kümmel)
zerriebene Knoblauchzehen (nach Belieben)
Öl (oder Schweinefett)

Zubereitung:
Geschälte Rohkartoffeln reiben und alle Zutaten rasch verrühren.
In der Bratpfanne Öl (oder Schweinefett) erhitzen.
Aus der dünnen Masse Talken darauf gießen und ausbreiten. Von beiden Seiten rotbraun backen und heiß essen.
Guten Appetit wünscht

Marie Ulrichovà
Praha

„Talgbraten"
(ein sehr altes tschechisches Rezept.
Der Name erinnert an Talgkerzen, die durch das Rindfleisch durchgezogen wurden um es zarter zu machen.)

Zutaten:
1000 g Rindfleisch (wie zum Rinderbraten)
100 g Karotten
100 g Petersilie (Wurzel)
100 g Sellerie (Wurzel)
1 größere Zwiebel
1 ganze Zitrone
200 g Schinkenspeck
Salz, 1 Lorbeerblatt, 4 ganze Pfeffer,
4 Lorbeeren
1 Tasse saure Sahne
1 Teelöffel Mehl
1 Prise Zucker, einige Eßlöffel Weißwein

Zubereitung:
Rindfleisch mit 100 g Schinkenspeckstreifen durchziehen. Gemüse, Zwiebel und 100 g Schinkenspeck in Würfel schneiden und in der Pfanne 10 Minuten dünsten. Fleisch, Salz und Gewürz zugeben, von allen Seiten kurz anbraten und alles mit heißem Wasser (oder Brühe) begießen. Erst dann eine ganze Zitrone zugeben. Während des Dünstens immer heißes Wasser zugießen bis das Fleisch weich wird. Die Zitrone und auch alles Gewürz herausnehmen. Die Flüssigkeit mit Gemüse mixen. Saure Sahne mit 1 Teel. Mehl vermischen und in der Sauce unterziehen. Alles noch kurz köcheln lassen. Mit Salz, Zucker und Weißwein würzen.

Beilage: Semmelknödel, Preiselbeeren.
Anstatt Knödel Teigware als Ersatz

Guten Appetit wünscht
Marie Ulrichovà
Praha

Nudeln mit Kräuterfleisch

Zutaten:

4 kleine Zwiebeln
1 Karotte
1 Blatt gestielte Sellerie
Diese Zutaten in kleine Würfel schneiden.
80 ml Olivenöl
400 g Hackfleisch
Rosmarin, Thymian, Majoran
(frisch oder getrocknet)
125 ml Rotwein
100 ml Brühe oder 2 Maggi Würfel
Salz, Pfeffer
400 g Nudeln (oder andere Teigware)
80 g geriebener Käse

Zubereitung:

Geschnittenes Gemüse ca. 5 Minuten im heißen Öl andünsten, dazu das Hackfleisch mit Kräutern zugeben und mit Gemüse gut verrühren, Rotwein zugießen, decken und etwa ½ Stunde bei mittlerer Hitze dünsten. Unter zeitweiligem Verrühren Brühe zugießen. Fertiges mit Salz und Pfeffer würzen.
Im Salzwasser gekochte Nudeln abtropfen, auf Teller verteilen, mit Fleisch-Gemüse-Masse übergießen und mit Parmasan bestreuen.
Guten Appetit wünscht

Eva Sedliskà
Praha

KARTOFFEL-GULASCH MIT GEMÜSE UND WÜRSTCHEN

60 gr. Schinkenspeck
100 gr. Zwiebeln
250 gr. geschälte Pellkartoffeln
100 gr. Karotten
150 gr. Petersilienwurzel
80 gr. Sellerie
2 EL Tomatenmark
Paprika - Majoran - Knoblauchzehen
Salz

Zwiebeln und Gemüse fein schneiden, und mit den Schinkenspeckwürfeln und dem gemahlenen Paprika andünsten. Würfel aus den Kartoffeln hinzugeben. Unter zeitweiligem Verrühren heiße Brühe zugießen und ca. eine halbe Stunden dünsten. Schließlich geschnittene Würstchen hinzugeben und das Tomatenmark. Mit Majoran, zerdrückten Knoblauchzehen und Salz würzen.

Guten Appetit

wünscht

Dagmar Hájková
Zlín (Mähren)

NACHTSCHATTEN - SCHOTEN (AUBERGINEN) MIT TOMATEN

Die Auberginenscheiben mit Salz bestreuen und ca. 1-2 Stunden stehen lassen. Dann in zerquirlten Eiern panieren und rasch von beiden Seiten in Öl braten.
Die fertigen Scheiben mit folgender Paste bestreichen und mit Tomatenscheiben bedecken. Am besten warm servieren.

Paste: Majonaise mit verriebenen Schimmel-Käse und ein wenig Milch vermischen.

Das Ganze passt gut zum Wein, Bier oder Tee.

Guten Appetit
wünscht

Alena Naimanová,
Náchod

Prager'Hühnchen

Zutaten:

4 Portionen Hühnchen (ohne Knochen)
2 - 3 Knoblauchzehen
1 Eßlöffel Butter
¼ l Wasser
3 Eßlöffel Tomatenmark (kein Ketchup!)
100 g geschnittene u. auf 1 Eßl. Öl und Wasser gedünstete Champignons
¼ l ungeschlagene süße Sahne

Zubereitung:

Hühnchen mit Salz und zerriebenen Knoblauchzehen bestreuen und auf Butter und Wasser dünsten bis das Fleisch weich wird. In die Flüssigkeit Tomatenmark, Champignons und ungeschlagene süße Sahne unterrühren. Das ganze Gericht nur erwärmen (nicht kochen) lassen.

Beilage: Reis

Guten Appetit wünscht

Tànà Kalousovà
Praha

Hausfreund

in Blechdosen 3 Wochen haltbar

Zutaten:

7 Eier
7 gehäufte Eßlöffel Zucker
2 gehäufte Eßlöffel Mehl
200 g Kochschokolade
200 g Rosinen
100 g Zitronat
100 g Orangeat
Haselnüsse gehackt

Zubereitung:

Eiweiß zu Schnee schlagen. Eigelb mit Zucke schaumig rühren. Alle anderen Zutaten mit Mehl vermengen. Masse auf ein mit Butter gefettetes Blech, das auch mit Mehl bestäub ist, geben. Bei mittlerer Hitze backen. Noch heiß in Streifen oder Würfel schneiden.

Anna Maierová

Powidltascherl

300 gr. Mehl
1 Ei
einige Löffel Milch
etwas Salz
Zum Füllen: Powidl (Pflaumenmus)
Zum Begießen und Bestreuen:
Butter, Zucker und Zimt

Die Zutaten auf dem Nudelbrett rasch zu einem ziemlich festen Teig verarbeiten, ihn auswalken und in 8-10 cm große Quadrate schneiden. In die Mitte etwas Powidl geben und die Ränder fest zusammendrücken. Dann die Tascherl einige Minuten in kochendes Salzwassser geben, bis sie schwimmen. Abtropfen lassen, auf einer Platte anrichten, nach Belieben Butter, Zucker und Zimt dazugeben.

Karlsbader Ringe

120 gr. Butter
180 gr. Mehl
50 gr. Zucker
2 Eigelb
etwas Zitronenschale
Eigelb zum Bestreichen
grober Zucker zum Bestreuen

Die Zutaten auf dem Brett zu einem Mürbteig verarbeiten und diesen kaltstellen. Dann Ringe ausstechen, mit Eigelb bestreichen, mit Zucker bestreuen und bei Mittelhitze backen.

Brimsenteigtaschen

Teigtaschen:

400 g Kartoffeln
200 g grobes Weizenmehl
1 Ei, Salz, Speck

Füllung:

100 g Brimsen
100 g Kartoffeln
1 Ei, Dill

Alle Kartoffeln in Salzwasser kochen, abgießen, schälen und pürieren. Zum Püree Salz, Mehl und das Ei zugeben und kneten. Auf einem bemehlten Untergrund etwa 1/2 cm dünn ausrollen. Den Teig in Rechtecke schneiden. Für die Füllung die Kartoffeln pürieren und mit Brimsen, Ei und Dill vermischen. Auf jedes Rechteck die Füllung geben, verschließen und im kochenden Salzwasser etwa 5 Minuten kochen. Gut abtropfen lassen, mit Dill und gewürfeltem Speck bestreuen. Dazu paßt Sauermilch..

Mária Kováčová schreibt dazu:

„Dies ist eine typisch slowakische Speise. Brimsen ist ein slowakischer Spezialschafskäse. Hoffentlich kann man bei Euch irgendwo in Großstädten Brimsen kaufen. Ich weiß, daß man Brimsen in viele Länder der Welt ausliefert, am meisten in die USA."

50 JAHRE ... und dann weiter

Wir haben mit den Rezepten 50 Jahre Weltgebetstagsarbeit in Erinnerung gerufen. Eine Menge Erfahrungen im Umgang mit Menschen aus anderen Kulturkreisen, eine Menge Erfahrung im Umgang mit Bibeltexten und Gottesdienstordnungen, eine Menge sinnlicher Wahrnehmungen mit den Düften der Gewürze und Gemüse und Obstsorten, Neues sehen, Unbekanntes schmecken. Vielleicht ist ja schon das eine oder andere Gericht eines Ihrer liebsten Gerichte, vielleicht ist unter denen, die Sie in diesem Buch finden ja noch das eine oder andere dabei.

Bei zwei Ländern haben wir nicht nur Rückschau gehalten, sondern auch schon nach vorne geschaut:

- die Rezepte, die von den Tonga-Inseln stammen, gelten für den Südseebereich allgemein, und fast gleiche Rezepte müßten die Frauen aus Western Samoa für das Jahr 2001 übersenden.
- die Rezepte, die für Ungarn gelten, sind denen in Rumänien sehr ähnlich. Vorausblickend ein paar Sätze zur rumänischen Küche von Gerhild Cosoroaba, der siebenbürgischen bzw. evangelisch-lutherischen Vertreterin im rumänischen Komitee und ein Rezept. 2002 läßt grüßen!
- und weil wir schon zweimal vorausblicken, haben wir gedacht, daß es für das (über)nächste Weltgebetstagsland dann auch gelten kann. Also finden Sie auch einige Rezepte aus Indonesien.

INDONESIEN 2000

„Wir kochen indonesisch und feiern miteinander“, unter diesem Motto kam am 12. 3. dieses Jahres eine Gruppe von Frauen der Evangelischen Kirchengemeinde Ründeroth mit Gästen aus Indonesien und Hong Kong zusammen. Edelgard Abram von der Vereinigten Evangelischen Mission in Wuppertal hatte dieses Treffen vorbereitet. Von ihr sind die Rezepte aus Indonesien.

Übrigens: In der VEM besteht jetzt seit einigen Wochen die zweite ökumenische Frauenwohngruppe mit Frauen aus Asien, Afrika und Deutschland. 1 Jahr lang leben und arbeiten die Frauen zusammen in einer Wohngemeinschaft, lernen sie die kulturellen und religiösen Eigenarten der anderen kennen. Wie wir bei der Verabschiedung der ersten Wohngruppe erfahren haben, ist dies nicht immer leicht und mit vielen Konflikten verbunden. Aber keine der Frauen hätte auf diese Erfahrungen verzichten wollen. Ich denke, da geht es ihnen nicht anders als den Weltgebetstagsfrauen. Und da bisher immer eine Indonesierin zu der Wohngemeinschaft gehörte, wäre es doch vielleicht ganz gut zum Weltgebetstag 2000 auf ihre Erfahrungen mit dem ökumenischen Lernen und Zusammenleben zurückzugreifen. Die VEM hilft ihnen sicher dabei, wie uns eine ihrer Schwestern bei den Rezepten geholfen hat.

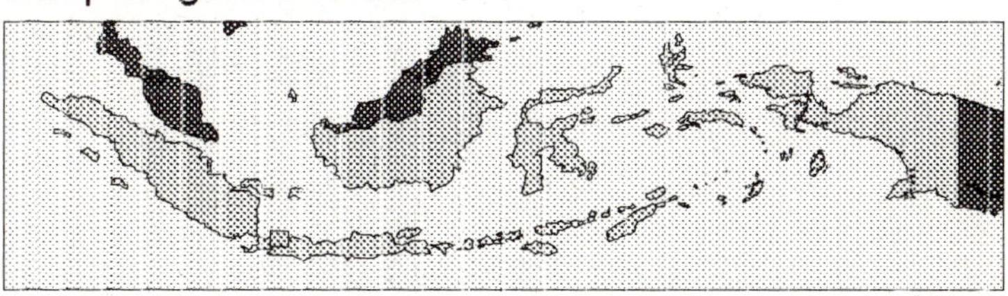

NASI GURIH
Duftender Reis

1125 ml Kokosmilch
1/2 TL schwarzer Pfeffer, gem.
1 TL Zitronenschale
1/2 TL Muskat, gem.
1/4 TL Nelken, gem.
3 Curryblätter
2 1/2 TL Salz
500 gr. Langkornreis

Die Kokosmilch mit allen Aromen, Gewürzen und Salz in einen großen Topf mit festschließendem Deckel geben und offen langsam zum Kochen bringen. Den Reis einrühren, wieder zum Kochen kommen lassen, die Hitze sehr stark vermindern, zugedeckt 20 Minuten dämpfen. Den Deckel abnehmen, den Reis mit einer Gabel von den Topfwänden lösen, alle nicht absorbierte Kokosmilch untermischen, weitere 5 Minuten zugedeckt dämpfen. Heiß mit gebratenem Huhn oder Curries und heißen sambals servieren.

Wajid (Indonesien) oder Biko (Philippinen)

Zutaten: 2 kg Klebereis
1 kg roter Zucker/Palmzucker
Pandanblätter
oder: Ingwer
oder: Zimt
5 gestrichene Teelöffel Salz
2 l Kokosmilch

Klebreis in kaltem Wasser 1 Stunde einweichen
Pandanblätter, Salz und roten Zucker mit Kokosmilch kochen, bis der Zucker aufgelöst ist.
Den Klebereis halbgar kochen.
Klebereis und die Zucekrmasse in einen großen Kochtopf geben und unter gutem Umrühren kochen, bis der Reis gut zusammenhält.

Reismasse auf Bleche verteilen, abkühlen lassen und dann in kleine, etwa 5 cm große Stücke schneiden.

ACAR

Indonesischer Gurkensalat

1 Schlangengurke
3 Mohrrüben
Salz - Zucker -Essig

Die Gurke vierteln, die Kerne entfernen und dann in kleine Stücke schneiden. Die Mohrrüben in kleine Streifen schneiden und mit den Gurken vermischen. Mit Salz, Zucker und Essig abschmecken.

BABI ASAM MANIS

Schweinefleisch süß-sauer

500 gr. Schweinefleisch
3 Paprikaschoten (gelb - rot - grün)
1 kleine Dose Ananas
1 EL Mehl

Für die Soße:
Zucker Soya -Sauce
Tomatenketchup

Das Schweinefleisch in etwa 1 1/2 cm große Stücke schneiden. Etwa 2-3 Stunden mit Salz, Zucker und Soya-Sauce marinieren. Die Schweinefleischstücke mit einem verquirlten Ei und dem untergerührten Mehl vermengen, anschließend panieren.
Reichlich Öl in einer Pfanne erhitzen. Die panierten Fleischstücke goldgelb braten, dann in einer Schüssel aufbewahren. Die Paprikaschoten kleinschneiden und anbraten, dann die Ananasscheiben dazugeben und Salz hinzufügen. Danach die gebratenen Fleischstücke und Tomatenketchup dazugeben und abschmecken.

AYAM KECUP

Huhn in Soya-Sauce

1/2 Hähnchen
3 EL Bratöl
4 EL Kecap manis(Soya-Sauce)
375 ml Wasser
2 Tomaten
etwas Suppengrün

Die folgenden Gewürze zerkleinern und miteinander vermischen:
1 Zwiebel - 1 Knoblauchzehe - 1/2 MS Pfeffer - Salz - Zucker (wenn vorhanden roter oder brauner Zucker)

Das Huhn zerkleinern. Das Öl erhitzen und die zerkleinerten Gewürze hineingeben, leicht anbraten und dann das Fleisch hinzufügen.
Braten bis das Fleisch gar ist, dann die Tomaten, Kecap und Suppengrün hineingeben, noch einmal aufkochen lassen.

SOTO AYAM

Hühnersuppe

1 Huhn, etwa 1,5 kg
2 TL Salz
ganze Pfefferkörner
1 Stangensellerie
1 kleine Zwiebel
2 Scheiben frischer Ingwer, zerd.
2 Knoblauchzehen
60 gr. Cellophannudeln
375 gr. frische Bohnensprossen

Das Huhn zerteilen, in einem großen Topf mit kaltem Wasser bedeckt aufsetzen; Salz, Pfefferkörner, Sellerie, Zwiebel, Ingwer und Knoblauch zugeben. Zum Kochen bringen, dann die Hitze reduzieren und zugedeckt 35-45 Minuten köcheln lassen, lauwarm werden lassen und dann durchsieben. Das Hühnerfleisch von den Knochen lösen, die haut abziehen und das Fleisch würfeln. Die Cellophannudeln 8-10 Minuten in kochendes Wasser legen, ablaufen lassen und durchschneiden. Mit dem Fleisch in die durchgesiebte Brühe geben. Die Bohnensprossen in die Terrine geben, die kochendheiße Brühe darübergießen. Mit den gehackten Eiern und Frühlingszwiebeln garnieren und sofort auftragen.

SAMBALAN
Grundgewürze für sambals

Diese Gewürzmischung ist Grundbestandteil unzähliger indonesischer Gerichte. Von daher wäre es gut, wenn Sie diese Mischung einmal gekocht hätten und bei Bedarf dann verwerten können.

15 - 20 große getrocknete Chilis
3 große Zwiebeln, grob gehackt
8 Knoblauchzehen
2 TL getrocknete Shrimp-Paste (Trasi)
125 ml Erdnussöl
250 ml Tamarindensaft
3 TL Salz
2 EL Palmzucker oder Ersatz

Die Chilis 20 Minuten in heißem Wasser einweichen. Im Mixer Chilis, Zwiebeln, Knoblauch, Trasi mit genügend Öl pürieren, damit die Messer die festen Zutaten nach unten ziehen können. Es ist möglich, daß dafür mehr als die Hälfte des Öls gebraucht wird. Das restliche Öl in einem Wok oder einem anderen Topf erhitzen und die Paste aus dem Mixer darin braten, bis sie gar und braun ist und das Öl sich am Rand abscheidet. Den Mixbecher mit Tamarindensaft ausspülen, das Ganze mit Salz und Zucker in den Topf gießen und noch einige Minuten köcheln lassen, dann in Gläser füllen, die im Kühlschrank aufbewahrt werden.

SAYUR LODEH

Gemüse in Kokosnuß-Soße

750 gr. Gemüse; alle möglichen und gewünschten Gemüsesorten können nach diesem Rezept gekocht werden, in mundgerechte Stücke brechen oder schneiden.
2 EL Erdnussöl
1 Zwiebel, fein gehackt
1 Knoblauchzehe, zerdrückt
1 TL Sambal Olek
1 TL trasi (getrocknete Shrimp-Paste)
1 Stengel Zitronengras
1 große, reife Tomate
500 ml Gemeüsebrühe
375 ml Kokosmilch
3 TL Erdnußsoße
2 TL Salz

Öl in einem großen Topf erhitzen und die Zwiebel darin weich und blaßgelb braten, dann Knoblauch, sambal Olek und trasi dazugeben, bei schwacher Hitze 2 Minuten verrühren, Zitronengras und gehackte Tomate zugeben. Unter Rühren zu Brei zerkochen.
Brühe und Kokosmilch dazugeben und zum Köcheln bringen. Die Gemüse je nach der nötigen Garzeit dazugeben. Sie sollen gar sein, aber nicht weich.
Die Erdnusssoße und Salz nach Geschmack einrühren.

RENDANG DAGING

Trockengebratenes Rindfleischcurry

1,5 kg Rostbraten
2 mittelgroße Zwiebeln
6 Knoblauchzehen
1 EL frischer Ingwer, gehackt
6 frische, rote Chilis, entkernt
500 ml dicke Kokosmilch
1 1/2 TL Salz
1 TL Kurkuma, gem.
3 TL Chilipulver
2 TL Koriander
6 Curryblätter
1 Stengel Zitronengras
1 TL Laos-Pulver
125 ml Tamarindensaft
2 TL Zucker

Das Rindfleisch in 2,5 cm breite und 5 cm lange Streifen schneiden. Zwiebel, Knoblauch, Ingwer und Chilis mit 125 ml Kokosmilch im Mixer pürieren, den Mixbecher mit der restlichen Kokosmilch ausspülen. Alle Zutaten , außer Tamarindensaft und Zucker, zusammen in einen Topf geben, gut durchrühren, dann das Fleisch dazugeben und schnell zum Kochen bringen.

Die Hitze etwas reduzieren, den Tamarindensaft dazugeben und offen weiterkochen, bis der Fond eingedickt ist. Bei schwacher Hitze weiterkochen, bis alle Flüssigkeit fast verdampft ist, dabei häufig umrühren. Das Fleisch in der öligen Soße dunkelbraun braten. Mit Reis servieren. Hält sich gut und schmeckt aufgewärmt am besten.

REMPEYEK KACANG
Erdnusswaffeln

125 ml Reismehl
2 EL gemahlener Reis
1 TL Koriander, gem.
1/2 TL Kreuzkümmel, gem.
1/4 TL Kurkuma
1/8 TL Ingwer
3/4 TL Salz
250 ml Kokosmilch
1 Knoblauchzehe, zerdrückt
1 kleine Zwiebel, fein gehackt
125 geröstete, ungesalzene Erdnüsse
Öl zum Backen

Alle trockenen Zutaten in eine Schüssel sieben. Mit der Kokosmilch zu einem glatten, dünnen Teig verrühren. Knoblauch muß zu einer Paste zerdrückt werden. Solange rühren, bis alle Zutaten im Teig gleichmäßig verteilt sind.
In einer Pfanne 12 mm hoch Öl sehr heiß, aber nicht rauchendheiß werden lassen. Den Teig esslöffelweise in das Öl laufen lassen. Der Teig muß so dünnflüssig sein, daß er sich zu einem löcherigen Plätzchen ausbreitet. Wenn er mit dem Löffel auseinandergedrückt werden muß, dann ist er zu dick und muß mit Kokosmilch verdünnt werden, bis er die richtige Konsistenz erreicht hat. Die Unterseite goldbraun backen, dann wenden und die andere Seite backen. Abtropfen lassen auf einem mit Küchenpapier belegten Drahtgitter, durch das die Luft zirkulieren kann. Auf diese Weise bleiben die Plätzchen ein paar Stunden knusprig. Abkühlen lassen. In einem Behälter luftdicht verschlossen aufheben.

HEISSE BANANEN mit ZIMT-KOKOSNUSS- SAUCE

4 große Bananen
Kokosnuss-Sauce:
1 EL Mehl
2 EL Zucker
1/2 TL Zimt, gem.
320 ml Kokosmilch

Die Bananen werden an den Enden abgeschnitten, dann in einem zugedeckten Dämpfer über einem Topf mit kochendem Wasser 5 Minuten garen. Dann die heißen Bananen mit Hilfe einer Greifzange und eines Messers schälen.

Für die Sauce:

Mehl, Zucker und Zimt sorgfältig in einem Topf verrühren. Die Kokosmilch unterrühren und die Mischung anschließend bei mittlerer Hitze ständig rühren, bis sie kocht und eindickt. 2 Min. köcheln lassen. Die Kokosnuß-Sauce über die heißen Bananen geben und servieren.

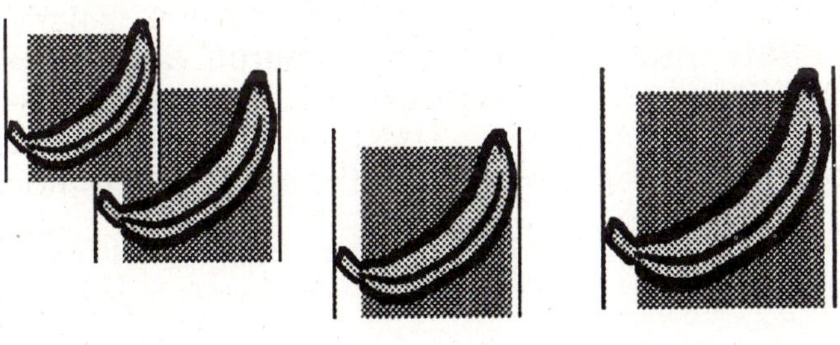

WEST-SAMOA

2001 „Informed Prayer
Prayerful Action"

KOKODA WALU

4 große Filets Weißfisch
3 große Zitronen
1 Tasse Kokosnusscreme
1 große gehackte Zwiebel
1 TL Tabascosauce
2 mittelgroße gewürfelte Tomaten
1 große gewürfelte Paprika
Salz

Den Fisch am Vortag würfeln und über Nacht in einer Sauce aus Zitronensaft und Salz stehenlassen. Am nächsten Tag die Kokosnusscreme, Zwiebeln und Chili hinzugeben. Mit Tomaten und Paprika garnieren.
Dazu schmecken Pellkartoffeln.

s. auch Rezepte der Tonga-Inseln S.16-26

RUMÄNIEN

Wir Frauen aus Rumänien freuen uns sehr, daß unser Land sich im Jahr 2002 großer Aufmerksamkeit erfreuen wird. Zwischen all den Informationen über ein Land ist die Frage nach der Küche sicher nicht die unwichtigste. Ja, die rumänischen Frauen kochen gerne und sehr gut. Sie können kaum auf Fertig- oder Halbfertigprodukte zurückgreifen, weil sie noch nicht so üblich sind und außerdem viel zu teuer sind. Es ist deshalb nicht ungewöhnlich, daß Frauen täglich drei bis vier Stunden in der Küche am Herd stehen, egal ob sie berufstätig sind oder Hausfrauen.

Auch der Vorratshaltung muß Rechnung getragen werden. In fast allen haushalten wird im Herbst Marmelade eingekocht oder Sakusta, eine pikante Gemüsesauce, ebenso Gogonele (grüne Tomaten)

und Krautköpfe in Salz eingelegt(es riecht nicht sehr angenehm, aber die Krautwickel, die daraus gemacht werden, sind nur zu empfehlen! Anm. der Herausgeberin).

Im allgemeinem wird viel mit Gemüse gekocht, aber auch im Backen sind die rumänischen Frauen Meisterinnen. Die Unterschiede zwischen der rumänischen, ungarischen, sächsischen, schwäbischen, türkischen und serbischen Küche in Rumänien sind gut bemerkbar. Trotzdem gibt es auch einige Speisen, die in allen Häusern sehr bekannt und beliebt sind: Krautwickel (Sarmale, gefüllte Kohlblätter, Kohlrouladen) und Vinetesalat (Auberginencreme) zum Beispiel. Gerade auch wenn Gäste kommen, werden diese Speisen gerne aufgetischt.

Kommt jemand in ein Haus, wo gerade gegessen wir, so grüßt der Rumäne selbstverständlich mit „pofta buna“ (Guten Appetit!) - die Antwort darauf heißt nicht „Danke“, sondern „poftiti la ea“, also: „Komm hinzu, iß mit!“

Mit herzlichen Grüßen
Gerhild Cosoroaba

VINETESALAT

Die Auberginen sind auch noch als Melanzani, Eierfrucht oder Blaufrucht bekannt. Rumänisch heißen sie „patlagele vinete“ kurz: vinete. Am besten sind die nicht zu kleinen, dunklen Exemplare. Wenn sie frisch sind, sind sie glänzend, glatt und fest. Auberginen haben die Eigenschaft, so ähnlich wie Eigeld, Öl aufzunehmen und zu binden. Dadurch entsteht eine gute Creme, die als Brotaufstrich geeignet ist. Die gebackene, geputzten und gehackten Früchte können gut eingefroren werden. Nach dem Auftauen werden dann Öl und Gewürze eingerührt. Beliebt sind beide Varianten: mit und ohne Mayonaise. Natürlich ist die Variante ohne Mayonaise gesünder und auch als strenge Fastenspeise geeignet.

3- 4 Auberginen
100- 150 ml Öl oder
3 EL Öl und 150 ml Mayonaise
1 weiße Zwiebel
1 Knoblauchzehe
1 TL Zitronensaft
Salz

Falls kein Grill vorhanden ist, die ganzen Auberginen bei 180 - 200 Grad backen, bis die Haut platzt. Die Früchte halbieren, das Innere in eine Schüssel schaben und mit dem Handrührer aufschlagen. Das Öl einrühren, dann die fein gehackten Zwiebel und Knoblauchzehen hinzugeben. Mit Zitronensaft die Creme würzen und mit Salz abschmecken. Kühl stellen

Servieren:
Als Vorspeise, Imbiß oder Abendessen, mit frischem Weißbrot. Dazu Tomatenscheiben und Telemea (Schafskäse).

CIORBA

Karotten, Petersilienwurzel, Sellerie, rote Tomate, Blumenkohl, Erbsen, grüne Bohnen oder Kohlrabi(oder von allem etwas) kliengeschnitten in Butter anrösten, mit Wasser aufgießen, mit Salz und Pfeffer würzen und aufkochen.

Aus einem halben Pfund Gehackte, einem Ei, Pfeffer, Salz und gehackter grüner Petersilie sowie ein wenig Mehl kleine Fleischknödel formen und in die Suppe einkochen. Mit Tomatenmark nachwürzen.

PALUKES

3 Teile Wasser
1 Teil Maisgrieß
1 TL Salz
1 gehäufter EL Mehl

In das kochende Salzwasser wird der Maisgrieß eingerührt. Der Brei soll dann auf schwacher Flamme ca. 10 Minuten quellen. Danach wird das Mehl eingerührt; der Topf bleibt noch gut eine Minute auf der Platte, bis Luftblasen aufsteigen. Dann wird die Masse auf ein Brett gestürzt zum Auskühlen. Mit dem Küchenzwirn dann in Scheiben schneiden.

Sakusta

4 große Auberginen
10 rote fleischige Paprika
500 gr. Zwiebeln
1/4 l Öl
1 kg Tomaten (oder noch besser1/2 Liter dicker Tomaten-saft)
Salz - Pfeffer

Die Auberginen und Paprika werden auf dem Herd(oder im Backofen) gebraten, bis sie gut weich sind. Öfters drehen! Danach schälen, die Paprika von Kernen säubern und alles auf ein Brett legen und einige Stunden abrinnen lassen. Beim Putzen darf kein Wasser hinzukommen! Nur mit einem rostfreien Messer arbeiten! Währenddessen werden die Zwiebeln nicht zu klein gehackt und im Öl in einer größeren Kasserolle gedünstet. Die Auberginen und Paprika werden feingehackt oder durch die Fleischmaschine gedreht und zu den gedünsteten Zwiebeln gemischt. Tomatensaft, Salz und Pfeffer hinzufügen und alles bei guter Hitze und ständigem Rühren aufkochen. Wenn die Masse gut gekocht hat und man den Boden der Kasserolle sehen kann, füllt man sie in die vorbereiteten, vorgewärmten Einweckgläser.
Diese werden verschlossen und nochmals 50 - 60 Minuten in Wasser gekocht. Gläser danach im Wasser auskühlen lassen.
Ein bißchen viel Arbeit - schmeckt aber prima!

LITERATURVERZEICHNIS

Einige unserer Rezepte sind nicht von Frauen aus den einzelnen Weltgebetstagsländern, sondern ich habe sie aus Büchern entnommen, die ich schon sehr lange habe und zum Teil schon vergriffen sind. Wir haben uns bemüht die Copy-Rights für die Rezepte zu bekommen, fanden aber bei einigen Büchern keine AnsprechpartnerInnen mehr. Da ich die meisten Rezepte schon einmal ausprobiert habe, sind sie gegenüber den Angaben in den Büchern nach meinen Möglichkeiten und Erfahrungen abgewandelt. Die meisten Bücher und Reihen bieten über die Rezepte hinaus oft auch noch einiges zur Kultur und Geschichte des Essens in den jeweiligen Ländern. Zu jeder Buchangabe gibt es eine kurze Stellungnahme:

1. Ägyptisches Kochbuch. Hrsg. von Sanaa Hamdy Omar und Vera Schmalz-Gaulke im Eigenverlag, 5. überarbeitete Auflage, Münster 1984. *Ein schönes Buch mit vielen Sprichwörtern und Erzählungen rund ums Essen.*

2.Kochen wie in Afrika. Wolfgang Fritz/ Erich Lutz. 3. Aufl. Berlin 1982. *DAS Standardwerk der afrikanischen Küche in deutscher Sprache.*

3. Grete Willinsky, Kulinarische Weltreise. Büchergilde Gutenberg, 3. Aufl. Frankfurt am Main, 1983.*Ein schönes, sehr umfassendes Buch, aber leider schon lange vergriffen*

4. Rezepte zum Fairen Handel(n), hrsg. von Trans Fair e.V. 1. Aufl. Aachen 1998. *Trans Fair - Projekte und Rezepte aus den Ländern der Projekte. Viele Gewürze und Zutaten erhalten Sie bei der GEPA oder anderen 3.-Welt-Organisationen. Achten Sie beim Einkauf darauf. Auch dies ist ein Stück Weltgebetstagsarbeit.*

5. Heidi Keller/Miranda Greaves
Karibisch kochen. Gerichte und ihre Geschichte. Edition diá, Köln 1988. *Die Edition diá hat mehrere Bände dieser Reihe bisher vorgelegt, z. B. Mexikanisch kochen, brasilianisch kochen, portugiesisch kochen und Karibisch kochen. Die Bände geben einen guten Überblick über die Geschichte des Essens in einem Land und betrachten auch die wirtschaftliche Situation der Bevölkerung.*

6. Anne Wilson, Schottische Küche, Köln 1996. und Indonesische Küche, Köln 1996 (Könemann Verlagsgesellschaft)
A. Wilson hat eine Menge Länderküchen veröffentlicht in dieser kleinen Reihe, die es in jedem Kaufhaus für eben 3-4 Mark zu kaufen gibt. Die Hefte enthalten die wichtigsten Rezepte und sind reich bebildert, oft werden Zubereitungshilfen gegeben.Länderküchen sind in dieser Reihe bisher 15 Bände erschienen.

7. Die Küche Asiens.Charmaine Solomon,o.O. o. J. *Auch dieses Buch ist leider vergriffen. Ist aber eines der Standardwerke der asiatischen Küche. Wenn Sie es irgendwo finden, dann*

kaufen Sie es sich!

Sollten Sie weiterhin an einzelnen Länderküchen interessiert sein, dann möchte ich Sie auf drei Reihen aufmerksam machen:

1. Der rororo-Verlag hat in Zusammenarbeit mit Time Life - Büchern eine Reihe herausgegeben, die viel über die Geschichte und die geographischen, klimatischen, kulturellen und politischen Hintergründe der Küchen der einzelnen Länder enthalten. 18 Bände sind in den 70-er Jahren erschienen. Die Reihe ist jetzt vergriffen.

2. Der Heyne-Verlag gibt seit Jahren eine Kochbuchserie heraus, die auch speziell Wert auf Länderküchen legt. Die Bände bieten viele Rezepte, aber keine Hintergrundinformationen oder Geschichten.

3. Gräfe und Unzer Küchen-Ratgeber heißt eine andere Reihe, in der sehr viele Länderküchen vertreten sind. Die wichtigsten Rezepte eines Landes werden in Wort und Bild vorgestellt. Leider fehlen auch hier die Informationen über Land und Leute.

Abkürzungsverzeichnis

gr.	*= Gramm*
kg.	*= Kilogramm*
ml	*= Milliliter*
EL	*= Esslöffel*
TL	*= Teelöffel*
g	*= Gramm*
l	*= Liter*

Die Rezepte sind - wenn nicht anders angegeben - für 4 -6 Personen berechnet.
Für viele Rezepte mit sehr exotischem Obst- und Gemüsesorten habe ich empfohlene, bei uns vorhandene andere Sorten angegeben.

Viele exotische Gewürze erhalten Sie in den *Eine-Welt- Läden,* die ihren Lebensmittelbereich immer mehr ausweiten. Vielleicht werden Sie dort ja auch fündig, wenn es um andere Lebensmittel geht. Ansonsten bekommen Sie die meisten Lebensmittel und Gewürze auch in türkischen und asiatischen Geschäften.
Für viele asiatische Gerichte - und nicht nur für sie - lohnt die Anschaffung eines *Wok*, wenn Sie noch keinen haben. Ich nehme ihn mittlerweile für alles, was ich nur kurz anbraten will.

Kommt, laßt uns miteinander feiern

Kommt, ihr Leute, kommt,
laßt uns miteinander teilen und feiern.
Laßt uns ein ganz grosses Brot backen,
laßt uns die Weinkrüge im Überfluß bereitstellen
wie bei der Hochzeit zu Kana.

Kommt, ihr Leute, kommt.
Ihr Frauen, vergeßt nicht das Salz.
Ihr Männer, bringt die Hefe dazu.
Viele Gäste sollen kommen,
die Lahmen, die Blinden,
die Armen, die Behinderten.

Kommt, ihr Leute, kommt,
wir werden Gott begegnen.

Kommt schnell.
Wir wollen den Ratschlägen Gottes folgen:
zusammen wollen wir den Teig kneten mit unseren Händen,
mit Freude werden wir sehen, wie das Brot aufgeht.

Kommt, ihr Leute, kommt zu diesem Fest.
Denn heute treffen wir Gott selbst.
Heute wollen wir uns erneut einsetzen
für das Reich Gottes.
Niemand soll hungrig weggehen.

Elsa Tamez

Weitere Materialien zum Jubiläum des Weltgebetstags der Frauen

CD: Über Länder, über Meere 2, € 8,95

CD mit den schönsten Weltgebetstagsliedern und Musikstücken der letzten Jahre.

Helga Hiller, Ökumene der Frauen: Anfänge und frühe Geschichte der Weltgebetstagsbewegung in den USA, weltweit und in Deutschland. € 10,-

Die neu erarbeitete Geschichte des Weltgebetstags der Frauen bietet viele Quellentexte und Hintergründe zur Bedeutung, die die Frauen international und national für die Entwicklung der Ökumene hatten. Diese Chronik ermöglicht uns auf spannende Weise, verschüttete Frauengeschichte neu zu entdecken.

Klappkarten-Set: Motive der letzten Jahre, € 4,50

Die Postkartenmotive der letzten Jahre können als Set in einer Geschenkschachtel bezogen werden. Ein zusätzliches Motiv – eine Collage aus den Karten der letzten Jahre – liegt als Jubiläumskarte bei.

Material zum Weltgebetstag der Frauen ist zu beziehen durch
die landeskirchlichen Frauenhilfen und Frauenarbeiten,
den Klens-Verlag sowie durch:

FrauenWerk Stein e.V., Schriftenversand, Postfach 1240, 90544 Stein
Tel. 0911-6806-156/7, Fax: 0911-6806-177